Lukas Gisbrecht, Lukas Wittmann

ERDE GUT, ALLES GUT

100 und eine Idee für mehr Nachhaltigkeit im Alltag

INHALT

I

Theorieteil mit Praxis:

Allgemeines zum Thema Nachhaltigkeit

001 „Nachhaltigkeit" zwischen Wahrheit und Flunkerei

Alle reden heute von Nachhaltigkeit. Also nicht nur die Castor-Corinnas und Handarbeits-Haukes, die das seit 40 Jahren machen. Sondern wirklich alle. Und alle wollen nachhaltig sein: Der Autobauer pflanzt nachhaltige Autos auf seinem Acker, Modekonzerne ernten nachhaltige T-Shirts von Stauden (ja, T-Shirts sind Staudengewächse), und Software-Unternehmen arbeiten an Nachhalgorythmen. Die Welt ist also nachhaltig und schön, ihr könnt das Buch jetzt zuklappen oder euren E-Reader wieder zurück in die Sofaritze stopfen. Genießt diese Schönheit.

Ganz so einfach ist es dann doch nicht. Alle *behaupten*, nachhaltig zu sein. Irgendjemand flunkert da doch, oder? Gehen wir, um dies zu beantworten (und bitte verzeiht uns einfach das Pflanzen-Wortspiel, danke), zu den Wurzeln des Begriffs „Nachhaltigkeit". Geprägt hat ihn ein Herr mit dem obercoolen Namen *Hans Carl von Carlowitz*, und zwar schon 1713 in einem Werk zur Forstwissenschaft. Das Prinzip von Carlowitz: Nicht mehr Bäume fällen, als im gleichen Zeitraum nachwachsen, damit man für immer was von den Bäumen hat. Also so ziemlich das Gegenteil von einem Carlschlag. Schlaues Prinzip, die Natur macht das schon. Das können wir jetzt übertragen auf alles, was der coolste Planet der Galaxie so hergibt: Metalle, Baumwolle, seltene Erden, Erdöl und so weiter. Carlowitz redete übrigens von „nachhaltend", in dem Sinne, dass die Natur etwas, was der Mensch entnimmt, nachhält. Wo wir schon bei sprachlichen Details sind: Nachhaltigkeit ist bislang kein geschützter Begriff. Jeder kann also behaupten, nachhaltig zu sein, genauso wie alle sich "Manager von irgendwas" nennen dürfen.

Was nehmen wir mit? In einer Welt, die nicht perfekt ist, darf jeder sich und sein Tun nachhaltig nennen. Aber wir, die wir erleuchtet sind, haben nun einen Maßstab an der Hand, um das Ideal der Nachhaltigkeit an der Realität zu messen. Und wir erkennen leichter, wer die Wahrheit sagt und wer uns anflunkert.

002 Brauch ich's? Eine Anleitung für neue Dinge

- „Ich überlege mir, ob ich mir _____ kaufen soll."
- „Brauchst du's überhaupt?"

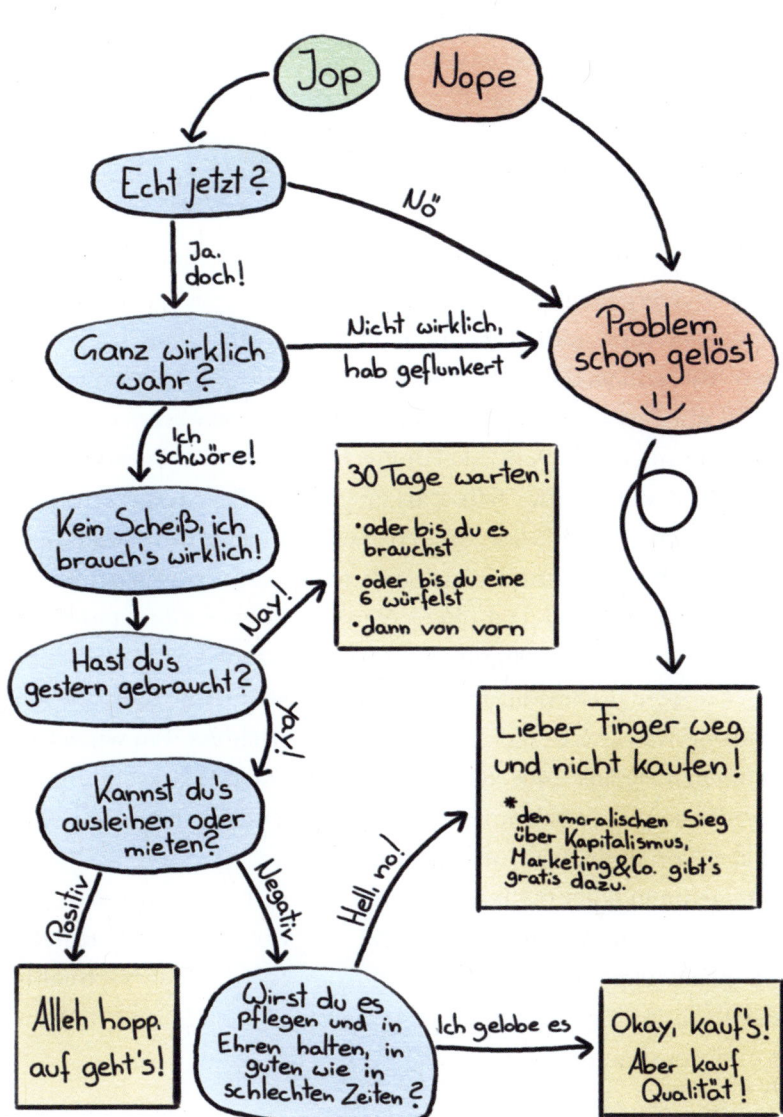

003 Zeigt her eure Füße —
der ökologische Fußabdruck

Gut gelaunt betrete ich den Schuhladen. An der Eingangstür schellt es fröhlich, als ich in den Verkaufsraum trete. Ich bin verblüfft, denn dieser Schuhladen ist kein normaler Schuhladen: keine Schlappen, Slipper, Galoschen, keine Stiefeletten in den Regalen– eigentlich überhaupt keine Regale. Nur eine Verkäuferin, die freundlich lächelnd auf mich zukommt und fragt: „Wie kann ich helfen?" In der Hand hält sie dieses Gerät, dessen Namen niemand kennt, aber mit dessen Hilfe man die Schuhgröße eines Menschen recht präzise ermitteln kann. „Sch… Schuhe", stammle ich noch völlig überrumpelt und halte ihr meinen rechten Fuß entgegen. Geschäftig beginnt die Dame ihr Werk mit dem Gerät. „Mit dem Auto angereist?", fragt sie so, dass ich es für Small Talk halte. Auf mein Nicken hin springt das Schuhgrößenmessgerät einige Nummern nach oben. Noch während ich versuche zu begreifen, was hier vor sich geht, fragt die Dame: „Europäer? Am Ende gar … Deutscher?" Ich brauche gar nicht zu antworten, denn nachdem das Gerät meine Sandalenabdrücke an den Tennissocken gescannt hat, springt es ganz von allein um mehrere Größen nach oben. Verdattert blicke ich auf die Skala, die nicht wie sonst eine DIN-genormte Schuhgröße ausgibt, sondern ein Flächenmaß. Noch ehe ich fragen kann, was hier eigentlich passiert, murmelt die Dame: „Ei, ei, ei, das wird teuer …". Schon will ich losstammeln, dass ich mich auf einen normalen Schuhkauf eingestellt habe und kaum Bargeld bei mir trage, da sagt sie: „Bezahlen? Haha, nee, keine Sorge, das übernehmen andere für Sie." Ich bin noch immer verwirrt, ziehe aber meinen Schuh wieder an, lasse mir die Quittung für ein Modell mit dem seltsamen Namen „5,4 globale Hektar" geben und verlasse den Laden. Als ich mich noch einmal umdrehe, reibt sich die Verkäuferin lachend die Hände, Hörner wachsen aus ihrem Kopf, und der Laden geht in einer Rauchwolke auf.

...

Was ist da eben passiert? Wir haben unseren ökologischen Fußabdruck (ÖF) messen lassen, das ist eine Maßeinheit, die nichts mit Schuhgrößen zu tun hat. Der ÖF ist ein Flächenindikator, der mehrere Variablen zusammenfasst: Herkunft und Art verbrauchter Lebensmittel, Produktion von Konsumgütern, Fortbewegungs- und Transportmittel, Energieversorgung, Müllentsorgung, Bindung von CO_2 – kurzum: Alles, was ein Mensch zum Leben braucht oder verbraucht, fließt mit ein. Heraus kommt ein fiktives Flächenmaß, der „globale Hektar". Er gibt an, wie groß die Fläche ist, die ein einzelner Mensch durch seine Existenz und seinen Lebensstil verbraucht.

Das ist einerseits natürlich großartig: Jeder Mensch kann seinen eigenen Fußabdruck messen (im Internet geht das ganz einfach). Wir erhalten so einen Wert, der die oft unsichtbaren und abstrakten Folgen unseres Lebensstils vergleichbar und konkret macht. Da kann man ansetzen, damit kann man arbeiten!

Ab hier wird's dann aber auch schon nicht mehr so großartig. Die Deutschen z. B. verbrauchen pro Kopf jedes Jahr eine Fläche von über fünf globalen Hektar und landen damit locker easy in den Top Ten der großspurigsten Länder. Unser Planet gibt aber nicht so viel Fläche her, dass jeder Mensch einen so großen Abdruck hinterlassen könnte. Würden alle Menschen auf der Welt so leben wie die Europäer, dann bräuchten wir Fläche und Ressourcen von drei Erden (kurz zur Erinnerung: Wir haben aber nur eine). Das ist ungerecht gegenüber allen Menschen, die sparsamer leben. Punkt. Da gibt's auch gar keine Diskussion. Länder mit zu hohen Werten müssen runter. Insofern macht es komplett Sinn, über den eigenen Fußabdruck nachzudenken und ihn zu reduzieren. Deshalb ein literarisches High-Five an uns alle.

Und jetzt kommen wir zum ganz und gar ungroßartigen Teil. So richtig bekannt gemacht hat das ÖF-Konzept erst eine PR-Agentur. Nicht aus Umweltliebe, sondern im Auftrag von einem Ölkonzern*. Und Öl-konzerne sind auch nicht gerade für Umweltliebe bekannt, sondern ultra-mega-massivst verantwortlich für die Schädigung der Umwelt. Aber durch den simplen PR-Trick verlagern die Konzerne das Problem von sich weg und wälzen es auf die Menschen ab.

Zwei Dinge sollten wir aus diesem Abschnitt mitnehmen:

1. Es ist gut, dieses Buch in der Hand zu halten. Wir alle sollten uns Gedanken um unseren Flächenverbrauch machen und ihn, wo immer es geht, reduzieren.

2. ist 1. fast gar nichts wert, wenn wir Konzerne mit so etwas durchkommen lassen. Sie verursachen weit mehr Schäden, als Einzelpersonen es je könnten. Sie haben kein Recht dazu, die fatalen Folgen ihres Handelns an andere abzugeben. Wir sollten uns politisch dagegen engagieren – die Möglichkeiten dafür sind vielfältig. Obacht, Konzerne! Wir sind viele.

---

* Weil wir keine Lust auf juristische Streitereien haben, nennen wir nicht den Namen des Konzerns. Nur so viel: Denen ist mal 'ne Bohrinsel abgefackelt und im Meer versunken :)

004 Warum überhaupt Wasser sparen? Gibt ja keine Zinsen!?

Wasser. Das kühle Nass. H_2O. Egal, ob mit Blubb oder ohne – Wasser ist für uns so selbstverständlich geworden wie die Luft zum Atmen. Wann immer wir wollen, haben wir, die wir in den schicken Industrienationen und ach so gemäßigten Klimazonen leben, Zugang zu Wasser. Es plätschert fröhlich aus dem Hahn, bewässert die Gärten und füllt bei manchen den Pool.

Warum sollten wir Wasser sparen? Hat man überhaupt was davon? Schließlich ist ja genug da, ein Großteil der Erde ist mit Wasser bedeckt. Moment. Ganz so einfach ist es nicht. Denn leider sind 97,5 Prozent davon Salzwasser, für unser Überleben, für das Wachstum von Tieren oder Pflanzen also quasi unbrauchbar. Es gibt zwar einige Entsalzungsanlagen, die brauchen jedoch sehr viel Energie – die sind also erst mal vom Tisch. Damit aber nicht genug. Wer fleißig mitrechnet, hat bemerkt, dass dann noch 2,5 Prozent Süßwasser übrig bleiben müssten. Nur befinden sich diese 2,5 Prozent zum Teil in Wolken, Gletschern, Flüssen oder Seen und damit an Stellen, an denen wir Menschen nicht so ohne Weiteres eingreifen sollten oder können, wenn wir Ökosysteme nicht zerstören wollen.

Wir bleiben noch einen Moment bei der globalen Perspektive: Besonders in Zeiten, in denen mehr als ein Viertel der Weltbevölkerung keinen Zugang zu sauberem Wasser hat und fast 790 Millionen Menschen nicht mal eine Grundversorgung mit Trinkwasser haben, sollten wir daher Wasser sparen. Das gebietet der Anstand. Denn so selbstverständlich, wie wir Wasser halten, ist es keineswegs, wie das Beispiel Kapstadt zeigt.

Im Frühjahr 2018 gab es dort kaum Niederschläge und anhaltende Dürre. Gleichzeitig war der Wasserverbrauch sehr hoch (Südhalbkugel, Sommer). Im April 2018 sollte es deshalb zu einem *Day Zero* kommen –

dem Tag, an dem die Stadt die Wasserversorgung nicht mehr aufrechterhalten könnte. Leitungen wären leer geblieben, und die Bevölkerung hätte mit Tankwagen versorgt werden müssen – Konjunktiv, denn es kam anders für die rund 400.000 Menschen, die dort leben. Durch ein intensives Wassersparprogramm und die Mithilfe der Bevölkerung konnte die Katastrophe abgewendet werden. Das sollte uns eine Warnung sein und zum Handeln bewegen. Wir sollten nicht erst warten, bis eine Knappheit oder Katastrophe da ist, sondern uns vorbereiten und vorausschauend handeln, damit es erst gar nicht dazu kommt.

Die Wasserversorgung sicherzustellen ist eine politische Aufgabe. Die Ressource Wasser zu schonen aber, das geht jede und jeden von uns an. Wasser aus beim Einseifen, verbrauchsarme Geräte, rechtzeitige Reparaturen – die Möglichkeiten, Wasser zu sparen, sind vielfältig. Einige davon stellen wir in diesem Buch vor. Und ganz allgemein brauchen wir eine neue Wertschätzung für Wasser. Wir müssen es nicht gleich wieder *great maken*. Einfache, ehrliche Wertschätzung würde schon reichen. Fangt am besten damit an, einmal laut „Aahhhh" zu machen, wenn ihr mal wieder ein Gläschen Wasser runtergluckert.

Doch auch wer bereits sparsam unterwegs ist, was Kochen, Waschen, Gießen und so weiter angeht, vergisst leicht das sogenannte virtuelle Wasser. Das ist nicht Wasser, dass mal jemand ins Internet gekippt und dann vergessen hat. Sondern es handelt sich dabei um sämtliches Wasser, das bei der Herstellung von allem, was wir so kaufen, gebraucht wird. Und hier wird es kompliziert, denn so ziemlich alles, was wir uns zulegen, braucht Wasser, um entstehen zu können. Also wirklich alles. Beispiel: Sogar Schuhe brauchen Wasser, weil sie aus Leder sind, das wasserintensiv gegerbt wird und wiederum von Tieren stammt, die für ihr Wachstum Wasser benötigt haben. Ihr merkt: Wie beim ökologischen Fußabdruck hängt einiges mit dran. Und leider kommen manchmal Kokolores-Konstellationen zustande, wo wir wasserintensive Produkte aus wasserarmen Regionen ordern. Vom Regen in die Traufe. Beziehungsweise von der Trockenheit in die Dürre. Virtuelles Wasser bedeutet auch: Weggeworfene Lebensmittel sind verschwendetes Wasser, genau wie Papier, das mit nur einem Satz beschrieben werden und dann im Müll landet. Also: Vergesst das virtuelle Wasser nicht. Auch wenn es unsichtbar ist. Auch zum virtuellen Wasser findet ihr in diesem Buch Spartipps, zum Beispiel beim Thema Einkaufen. Grundsätzlich gilt jedenfalls: Wer Ressourcen schont, schont Wasser, schont Ökosysteme, rettet Leben. Übrigens: Das Wasser in Deutschland wird auf absehbare Zeit nicht knapp. Trockenheit spielt allerdings in einigen Regionen eine Rolle. Sorgen bereitet vor allem die Qualität des Wassers: Beispielsweise belasten Dünger und Pestizide das Grundwasser. Hier könnt ihr gegensteuern, wenn ihr Produkte aus ökologischem Anbau kauft.

Wenn ihr jetzt genau wissen wollt, wie viel Wasser ihr denn tatsächlich so verbraucht (und ob das gut oder schlecht ist), findet ihr die Antwort auf diversen Seiten im Internet. Sie ist nur eine Suchanfrage entfernt. Einfach „Wasserfußabdruck ausrechnen hä" in die Leiste eingeben. Wenn ihr aber zu denen gehört, die sagen: „Mir egal und Kapstadt ist weit weg", dann nennen wir euch nicht egoistische Kleingeister, auf keinen Fall. Ihr trefft diese Aussage auf einem winzigen Planeten, der in einem gigantischen Haufen Nichts um einen riesigen Ball aus Feuer unterwegs ist, von dem es wiederum unzählige andere gibt, die ebenfalls von kleinen Planeten umkreist werden, von denen aber, jedenfalls soweit wir das überblicken, kein einziger Wasser und Leben beherbergt (ach ja, und das Ganze dehnt sich mit unfassbarer Geschwindigkeit aus). Und wenn man den Horizont ein bisschen geweitet hat, ist Kapstadt quasi vor der Haustür.

Lasst uns das mit dem Wassersparen angehen, Leute. Wenn es doch irgendwo da draußen Leben geben sollte und die Aliens eines Tages kommen, wäre es doch peinlich, wenn auf dem sogenannten Blauen Planeten Wasserknappheit herrscht. Findet ihr nicht?

005 Warum überhaupt Strom sparen? Eine Liebe, die pausieren muss

Ach Strom, du bist der Beste. Bis auf wenige Ausnahmen kommst du immer zuverlässig aus der Dose. Und selbst wenn wir dich in kleine, enge Hülsen stopfen, versorgst du uns noch gutmütig mit Saft für unterwegs. Je besser ich dich kennenlerne, lieber Strom, umso mehr denke ich, dass wir wie füreinander geschaffen sind. Mir ist komplett wumpe, wo du herkommst – Hauptsache, du hältst meinen Hosentaschenventilator am Laufen. Und dir ist sowieso alles schnuppe, du gibst dich für jede Verrücktheit her, die mir einfällt. In einem anderen Leben wären wir vielleicht das perfekte Paar geworden. Wer weiß. Aber jetzt ist da diese Sache mit dem Klima.

Es tut mir sehr leid, lieber Strom, ich kann so nicht weitermachen. Bitte verstehe, dass ich mich dafür interessieren *muss*, wo du herkommst. Nicht nur, um zu klären, ob unsere Familien von gleichem Stande sind. Sondern auch, um dich noch besser kennenzulernen. Wie du entstehst, welche Auswirkungen das hat und was das alles für mich und die anderen Menschen bedeutet. Bitte sei jetzt nicht sauer, aber ich habe bei meinem gestrengen Herrn Papa und bei Frau Hubstedt aus Erdkunde Nachforschungen über deine Herkunft angestellt. Was ich erfahren habe, hat mich betrübt, überrascht, wütend gemacht und Freudentränen hervorgerufen. Kurz gesagt, lieber Strom, es war wie immer mit dir. Eine Achterbahnfahrt.

Wenn du in Deutschland hergestellt wirst, Strom, dann bestehst du zu fast 50 Prozent aus erneuerbaren Energien. Das ist die gute Nachricht, denn du weißt, Strom, dass wir die Erneuerbaren wie Solar- und Windkraft nun lieben müssen. Also seit das mit dem Klima so ist. Was ebenfalls gut ist, ist, dass der Anteil dieser Gruppe kontinuierlich steigt. Langsam zwar, aber er steigt. Die schlechte Nachricht: Auch mehr als 20 Jahre nachdem wir beschlossen haben, Erneuerbare zu fördern und auf 100

Prozent zu bringen, entsteht deutscher Strom noch zu mehr als der Hälfte aus nicht erneuerbaren Energiequellen. Also zum Beispiel aus Atomkraft, Braun- oder Steinkohle und Erdgas. Mit Atomkraft ist bald Schluss (wir erinnern uns: Fukushima 2011), Kohlekraftwerke bleiben uns aber, wie es aussieht, noch etwas länger erhalten. Und dort entsteht leider nicht nur Strom. Neben Kohlendioxid, Schwefeloxid und anderen schädlichen Oxiden kommen Giftstoffe hinzu wie Quecksilber oder Arsen. Buäh. Bei aller Liebe, Strom, das muss nicht sein. Was erschwerend hinzu kommt, zumindest laut dem Umweltbundesamt: Noch im Jahr 2017 hast du etwa 485 Gramm CO_2 ausgestoßen, für *jede* Kilowattstunde, die wir dir abgenommen haben.* Und wir haben dir viele abgenommen.

Fallen nun die Atomkraftwerke weg, werden wir das ausgleichen müssen. Wir werden ja schließlich nicht plötzlich massiv weniger Strom brauchen (Herausforderung ist aber angenommen). Für den Ausgleich gibt es zwei Möglichkeiten: die eigene Produktion erhöhen (also vor allem Windräder und Solaranlagen aufstellen, nur eben deutlich schneller als bisher) oder Strom aus dem Ausland zukaufen. Und da man Strom schlecht einfliegen kann, praktischerweise aus den Nachbarländern. Am meisten importieren wir da von Frankreich, das seinen Strom 2019 zu 71 Prozent in Atomkraftwerken produzierte. Aber: Atomkraft ist keine „grüne" Technologie, wie gerne behauptet wird, und mit Sicherheit keine Alternative zu Kohle. Auch nicht als Übergang. Oder habt ihr 'ne Idee, was wir mit dem Giftmüll anstellen? Strahlt ja nur über eine Million Jahre. Wie lange lebt ein Mensch noch mal? Eben. Von der Unfallgefahr reden wir gar nicht erst. Atomkraft ist keine Alternative. Und unsere AKWs abzuschalten, um dann Atomstrom aus Frankreich zu kaufen, war sicher auch nicht Sinn der Übung.

Geliebter Strom, nun liegen die Karten auf dem Tisch. Ich habe nachgedacht. Über dich. Über mich. Über uns. Du weißt, ich sehne mich und

---

* Ändern könnt ihr das leider nur mit einem Ökostromvertrag.

verzehre mich nach dir, aber das ist nicht gut. Ich bin zu dem Schluss gekommen, dass es besser ist, wenn wir uns nicht mehr so häufig sehen. Ich muss dich sparen. Papa sagt das auch, aber ihm ist vor allem Geld wichtig. Mir geht es eher darum, dass ich den erneuerbaren Energien mehr Zeit geben will, um ausgebaut zu werden. So fällt der Umstieg leichter. Und wer weiß, eines schönen Tages, lieber Strom, sind wir endlich wieder vereint, und alles ist wie früher. Wir bräuchten nur noch eine effiziente Speichermethode für dich, lieber Strom, und wir wären glücklich für immer.

In weniger Liebe
Anschluss STW 31-912

006 Müll vermeiden. Für uns und den Golf von Mexiko.

Hier soll es ganz allgemein um das Thema Müllvermeidung gehen. Und warum das wichtig ist. Weitere Anknüpfungspunkte und praktische Hinweise findet ihr überall in diesem Buch. Wir sind hier nur so eine Art Basislager, zu dem ihr zurückkehren könnt, wann immer es um das Thema Müll geht. Wir werden hier ausharren und die Tage zählen, bis ihr ins Lager zurückkehrt. Und nachdem wir euch Decken und Tee gegeben und nach eurem Befinden und eurer Geschichte gefragt haben, würden wir immer wieder unser Sprüchlein aufsagen:

Müllvermeidung ist das oberste Gebot, wenn wir den Planeten irgendwie retten wollen. Müllvermeidung ist das oberste Gebot, …

Zugegeben, nicht sehr aufregend oder stimulierend, aber das ist eben das Basislager. Es ist nur die Basis für alles, was danach kommt. Bedenkt das, wenn ihr das nächste Mal zum Horizont strebt, um Abenteuer zu erleben und Gutes zu tun. Wir werden hier auf euch warten und gespannt euren Geschichten lauschen, wenn ihr zurückkehrt. Und dann erzählen wir euch wieder, wie wichtig Müllvermeidung ist. Habt ihr gerade Müllvermeidung gesagt?

Es gibt einige Gründe, warum wir Müll vermeiden müssen. Der einfachste ist wohl, dass alles, was nicht produziert wird, auch kein Material und keinen Strom verbraucht. Mathematisch: 0 Müll = 0 Material + 0 Strom. Auf beiden Seiten der Gleichung steht 0, weit und breit kein Buchstabe zu sehen, alle sind glücklich und zufrieden. Also auch 0 garstiges CO_2, das für Herstellung oder Transport rausgeblasen wird. Und das ist eine Menge: Allein bei den weltweit produzierten Plastiktüten wird geschätzt, dass für die Produktion 31 Millionen Tonnen CO_2 freigesetzt werden – so viel, wie Dänemark 2017 ausgestoßen hat. Wenn euch das noch ein bisschen zu abstrakt ist, könnt ihr euch gerne mal die direkte Umwelt anschauen. Und da kann uns keiner erzählen, dass ihr beim Wandern, am Strandurlaub oder im Wald noch nie Müll liegen gesehen habt. Im Gegenteil. Man sieht ihn überall. Zigaretten, Plastiktüten oder Sperrmüll gehören seit Längerem zum Landschaftsbild wie Moos, Farn und Autoreifen. Wenn wir das ändern wollen, scheint der einzige Weg, so leid es uns tut, Müllvermeidung zu sein. Willkommen im Basislager.

Denn auch wenn wir unseren Müll in Deutschland ganz okay trennen, meistens recyceln und ihn auch *wirklich nur ab und zu* in den Wald fahren, ist das kein Grund, in Jubel auszubrechen. Denn die Recyclingquote ist leicht irreführend (lest gerne auch noch mal nach, wenn's ums Thema Mülltrennung (037) geht). Und das geht so: Plastikmüll ist nur Müll, wenn man das so will. Aber man kann ja auch einfach ein anderes Etikett draufkleben und den ganzen Bums exportieren. Statt „Plastikmüll" steht auf diesem Sack nun „Rohstoff" – und das wäre sogar wahr, wenn man diesen „Rohstoff" denn auch wirklich recyceln würde. Nun wird deutscher Müll aber mit Vergnügen und Handkuss auch in Länder exportiert, die nicht gerade für ihre hohen Umweltstandards bekannt sind. Wir entsorgen unser schlechtes Gewissen in fernen Ländern, dort streichen einige wenige das Geld ein. Und alle teilen sich die Schäden. Super, oder? Jedenfalls findet man deutschen Müll auch auf illegalen Deponien und in Verbrennungsanlagen. Führt euch das mal vor Augen: Wir haben vor Jahrzehnten herausgefunden, dass es Bockmist ist, Müll einfach zu verbrennen. Deshalb fahren wir ihn jetzt einmal um die halbe Welt, was Bockmist ist, um ihn dort zu verbrennen, was potenzierter Bockmist ist. Verdammt. Wir müssen einfach diesen Müll vermeiden.

Und nix mit besser dort als hier, denn der Müll schadet auch dir und mir. Plastik zersetzt sich nämlich langsam immer weiter – egal, wo es ins Meer fällt. Es wird zu Mikroplastik, das durch Gewässer und durch Meere schwimmt, wo es eben so hingeschwemmt wird. Bis es von Plankton und kleinen Meereswesen aufgenommen wird, die die mikroskopisch kleinen Müllpartikel wiederum an die nächstgrößeren in der Nahrungskette weitergegeben. Alle möglichen Studien haben schon Mikroplastik in unterschiedlichen Fischpopulationen nachgewiesen, die Prozentanteile schwanken dabei. Die sind aber eigentlich auch egal, es geht um verdammtes Plastik in Fischen! Auch in Nord- und Ostsee. Also vor der Haustür. Im Menschen wurde es auch schon gefunden, sogar Obst und Gemüse haben zum Teil Plastik in sich. In Italien übrigens. Nur eine Urlaubsreise entfernt. Es betrifft also uns alle. Es ist in unseren Nahrungsketten. Und jede Nahrungskette ist bekanntlich nur so stark, wie ihr schwächstes Glied. Puh. So viele schlechte Nachrichten. Aber weil ihr bis hierhin durchgehalten habt, gibt's noch einen Bonushinweis: Weniger Müll bedeutet auch weniger Abfallgebühren. Ihr könnt also Geld sparen. Und jetzt gute Reise, bis bald, lasst uns, wenn ihr wiederkommt, mal über Müllvermeidung sprechen!

Ach ja, ein Tipp noch für unterwegs: Viel von unserem Müll sind Nahrungsabfälle. Das muss nicht sein! Auch dazu halten wir Tipps in exakt diesem Buch bereit. Schaut als Erstes im Kühlschrank (027) vorbei! Adieu und auf bald!

007 Warum überhaupt Papier sparen? Einzahlungen in den Aktienfonds der Bäume

Ganz oft noch werden wir in diesem Buch auf Rohstoffe zu sprechen kommen, die nicht auf Bäumen wachsen. So wie Papier. Das wächst nicht auf, sondern besteht aus Bäumen. Was gut ist, denn die wachsen nach. Was schlecht ist, denn wir verbrauchen viel zu viel davon. Bäume sind aber super wichtig für uns: Sie verbessern die Luftqualität, regeln das mit dem CO_2, sind Lebensraum, Futterquelle, halten den Boden fest, tragen auch tot noch erheblich zum Nährstoffkreislauf bei und, und, und. Wir meinen damit aber nicht nur die krumme Tanne hinter eurem Haus, sondern auch die asiatische Mangrove und Amazonas-Mahagoni.

Deutschland liegt weltweit unter den Topverbrauchern von Papier. Vordere Plätze sind zwar immer ganz toll, aber vielleicht finden wir da mal noch was Besseres. Um unseren Hunger nach Papier zu stillen, reicht die heimische Produktion nicht aus, wir müssen Papier importieren. Etwa 80 Prozent des Zellstoffs, der für die Produktion benötigt wird, kaufen wir dazu. Nicht nur aus europäischen Staaten, 30 Prozent davon kommen aus Ländern wie Brasilien (900.000 Tonnen von dort im Jahr 2019). Die haben da diesen ominösen Regenwald (aka grüne Lunge). Teile des Holzes werden durch illegale Rodung und Brandrodung gewonnen. Muss wirklich ein Amazonasbaum dran glauben, damit wir „XY stinkt" auf einen Zettel schreiben und uns fühlen, als hätten wir gerade den Humor erfunden? Damit die Papiertüte mit den Einkäufen auf dem Heimweg reißt? Wenn wir ehrlich sind: eher nicht.

Es wird geschätzt, dass weltweit **jeder fünfte Baum** für die Papierproduktion gerodet wird. Kann man das irgendwie noch fetter drucken? Jeder fünfte. Damit aber nicht genug. Eben weil wir so viel Holz verbrauchen, werden Monokulturen angelegt. Dort gibt es weniger Artenvielfalt, sie sind anfälliger – kurz gesagt: Es gibt einfach so viel bessere Ökosysteme als Monokulturen. Selbst wenn es sich um „Wald" oder wohl eher Baumplantagen handelt. Was auch noch hinzukommt: Bei der Produktion wird enorm viel Wasser benötigt. Außerdem wird oft ein Chemiecocktail zum Papier hinzugefügt, der das Abwasser belastet. Es gibt also gute bis ausgezeichnete Gründe, Papier zu sparen. Praktische Tipps dazu findet ihr in Abschnitt 010.

Nun gibt es natürlich Situationen, in denen wir Papier wirklich benötigen. Wenn wir uns Papier anschaffen, sollten wir zumindest darauf achten, den *Blauen Engel* irgendwo zu erspähen. Dieses Papier besteht zu 100 Prozent aus recyceltem Papier, kommt ohne die Chemikalien wie Chlor aus und ist daher sehr umweltfreundlich. Recyceltes Papier kommt außerdem mit weniger Wasser und Energie aus. Und das Recycling kann bis zu fünf- oder sogar siebenmal funktionieren. Bei anderen Siegeln ist dagegen Vorsicht angesagt. Das *FSC-Siegel* beispielsweise sagt euch, dass dieses Holz aus nachhaltiger Forstwirtschafft stammt. Was zwar gut ist, aber eben längst nicht so gut wie Recyclingpapier. Wenn ihr andere Siegel seht, die mit Sicherheit sehr gut aussehen, euch aber nichts Genaues verraten, zückt einfach euer Telefon und ruft es an. Äh, auf!

Um den Kreislauf des Recyclings zu schließen, kommt es natürlich auch wieder auf uns an. Damit Papier so oft wie möglich wiederverwendet werden kann, muss das richtige Material in Tonne oder Container landen. Das klären wir dann im Abschnitt 037 zur Mülltrennung. Alles zu seiner Zeit eben. Ein Baum wächst ja auch nicht an einem Tag.

008 Trotz Waschgang nicht sauber: Greenwashing

Trigger-Warnung: Sollten Sie derzeit ein börsenorientiertes Unternehmen leiten, nehmen Sie bitte jetzt Ihre Blutdruck-Medikamente.

Leute, wir müssen reden. Im Abschnitt zum ökologischen Fußabdruck und zu den Ölkonzernen ist es schon angeklungen: Es ist gut, dass wir was machen, und alles, was wir machen, ist gut. Aber wir könnten uns mit jeder einzelnen Seite dieses Buches den Allerwertesten abwischen, wenn Konzerne nicht mit anpacken. Es würde schmirgeln und es wäre schade und unangenehm für alle Beteiligten. Aber so sieht es leider aus. Gerade einmal 100 Unternehmen schaffen es, 70 Prozent der *verdammten weltweiten* CO_2-Emissionen auszustoßen. 100 Unternehmen. Die sind natürlich riesig und stecken bei vielen kleineren Unternehmen mal mehr, mal weniger auffällig mit drin. Sie verkaufen ihr riesiges Sortiment in aller Welt – also auch in Deutschland. Um das klarzustellen: Uns stört nicht die Größe an sich (wobei Größe auch immer Einfluss mit sich bringt), sondern dass sie *die einzigen* Akteure auf der Welt sind, die *direkt* von umweltschädlichem Handeln profitieren. Und entsprechend wenig Interesse haben, etwas am Status quo allzu sehr allzu schnell zu verändern. Was wir aber tun müssen, da es nicht bereits getan wurde.

Natürlich gibt es mittlerweile unzählige junge und auch ältere Unternehmen, denen Nachhaltigkeit wichtiger ist als Wachstum um jeden Preis und die jeden Tag viel Gutes bewegen. Es werden immer mehr, und wir sind froh über jedes einzelne. Aber die sind ja auch nicht das Problem. Das sind eher die dicken Fische, also besonders große, besonders energieintensive Unternehmen, deren Produkte wir jeden Tag nutzen. Da mittlerweile auch langsam alle, die intellektuell dazu in der Lage sind, das mit dem Klima kapiert haben, mussten sich behäbige Akteure im flexiblen Markt etwas einfallen lassen: Greenwashing. Wörtlich übersetzt:

Grünwaschen, sinngemäß: etwas ökologisch, nachhaltig oder umweltfreundlich aussehen lassen, ohne dass es tatsächlich so ist.

Wer sich grünwäscht, hat mehrere Vorteile: Haben die findigen Analysten den Wunsch der geschätzten Kundschaft, zu überleben, einmal erkannt, versuchen sie natürlich, daraus Profit zu generieren. Neue, grüne Produkte müssen her! Eine Image-Aufbesserung („die tun ja so viel") gibt's obendrauf. Oder es bleibt sogar nur bei großen Worten und angekündigten Programmen. Aber wer würde schon glauben, dass manche Konzerne dabei a) die Wahrheit verbiegen, b) flunkern, c) falsch gewichten?

Es fängt schon damit an, dass auf tierischen Produkten fröhliche Tiere abgebildet sind, die durch malerische Landschaften springen. Das Produkt hat aber nur zwei Euro gekostet. Da kann doch was nicht stimmen, oder? Eine andere Möglichkeit: Neue, nicht geschützte Begriffe prägen, wie „Qualitätsware". Kann man nach Belieben verwenden. Ein anderes Fach in der Trickkiste: tatsächlich ein Produkt anbieten, das nachhaltig und biologisch ist. Und das dann übermäßig präsentiert wird, während der dunkle, große Rest langsam im gleißenden Licht des Bio-Produkts verschwindet. Dass das Quatsch ist, merken kultivierte Personen sofort: Man liest ja auch nicht einen Tweet von Nietzsche stellvertretend für sein ganzes Werk. Noch eine Möglichkeit: Siegel und Orden erfinden und sich selber verleihen. Viele von uns kennen das mit Sicherheit, weil sie das im Kindergarten auch gemacht haben. Wenn ihr ein Siegel findet, das ihr nicht kennt, dann empfehlen wir euch die Seite *Siegelklarheit.de*. Dort werden Siegel aufgelistet und bewertet.

Wie wir also bemerkt haben: In einigen Büros sind der Kreativität keine Grenzen gesetzt, und der nächste coole Trick kommt bestimmt. Ein paar kennen wir ja nun und sind besser gewappnet.

Jetzt haben wir leider ein paar Absätze weiter oben gesagt, jede Handlung in die richtige Richtung sei gut. Mist, das bringt uns jetzt in die Bredouille. Also, falls das auch mal Thema bei euch im Debattierklub sein sollte – wir würden sagen: Messt die Unternehmen an ihren Versprechen. Hört, was sie sagen, schaut, was sie tatsächlich tun. Die gute Tat bleibt gut – solange sie ehrlich gemeint ist, Teil einer Strategie ist und nicht für fiese Zwecke instrumentalisiert wird. Das Schönste an schönen Worten sind die schönen Taten, die ihnen folgen. 100 Unternehmen, 70 Prozent.

7,7 Milliarden Menschen leben gerade auf der Welt.

009 Das philosophische Eckchen: Kintsugi – eine Ode an die Freude am Reparieren

Namaste, willkommen im philosophischen Eckchen. Nehmt euch einen Keks, dieses Buch und lest diesen Abschnitt über *Kintsugi* (japanisch für „Geil, das ist nicht original??"). Ihr braucht nichts weiter zu tun. Wir weisen darauf hin, dass euer Horizont potenziell erweitert wird.

Kintsugi ist eine japanische Methode, um Keramik zu reparieren., also Tassen, Vasen, Teller, Schalen und dergleichen. Fällt was davon zu Boden (upsi), zerbricht es und muss geklebt werden. Beim Kintsugi soll das Teil danach allerdings nicht so aussehen, als wäre nix gewesen – im Gegenteil: Die Reparatur soll man direkt sehen. Sie ist was Besonderes. Daher werden die Objekte auch nicht einfach geklebt, sondern der Lack wird mit Gold- und Silberpigmenten versehen. Die Risse erkennt man im fertigen Stück sofort, sie werden ja deutlich hervorgehoben.

„Ja und öhm, warum machen die das? Warum kaufen die sich nicht einfach was Neues?" – Danke für diese ebenso berechtigte wie kurzsichtige Frage. Schließlich wird jeder Gegenstand besser, je länger man ihn benutzt. Stichwort Ressourcen schonen, Stichwort Nachhaltigkeit. Stichwort *Wabi-Sabi*. Nicht die scharfe Würze, sondern die japanische oder zenbuddhistische Ästhetikvorstellung. Die heißt tatsächlich Wabi-Sabi. Ihre Grundidee: die Schönheit im Fehlerhaften, Kaputten, Unvollkommenen sehen. Ein Gegenstand ist nicht weniger wert, weil er kaputt war und repariert wurde. Ganz im Gegenteil! Er ist sogar wertvoller als vorher, weil er jetzt eine eigene Geschichte besitzt.

Von diesem Gedanken können wir uns ein paar Scheibchen abschneiden. Oder ein paar Scherben ankleben, wie ihr wollt. Wenn etwas kaputt ist zu Hause, dann sollten wir es reparieren, egal, ob es um die Couch geht, die weiß Gott schon was mitgemacht hat, oder um Opis alte Uhr – jeder Gegenstand hat und erzählt eine Geschichte, die ihn wertvoller macht als neu Gekauftes. Ihr helft der Umwelt, weil viiiel weniger Müll anfällt, die Dinge halten länger (Nachhaltigkeit, wir kommen), und nichts Neues muss extra produziert werden. Dreimal großartige Vorteile, dreimal der Umwelt geholfen – und das alles mit nur einmal nachdenken und Horizont erweitern. Wow! Manchmal kann es auch einfach einfach sein. Wobei: Es ist nicht immer so ganz leicht zu entscheiden, was noch repariert werden kann und was neu gekauft werden muss. Dazu noch eine kleine Handreichung:

Fallen Griffe oder quietscht es in Scharnieren,
erste Wahl ist immer Reparieren!
Explodiert es oder geht's in Flammen auf,
nimm Neues (besser: Gebrauchtes) in Kauf.

Grüße von irgendwo zwischen Tellerrand und Horizont,
Lukas & Lukas

II

Planetrettung in den eigenen vier Wänden:

Der Haushalt

Allgemeines und Wohnbereich

010 Papier-Spartipps für uns, Schonzeit für die Wälder

In Abschnitt 007 haben wir gelernt, dass uns unter den Müllsorten besonders auch das Papier am Herzen liegen sollte. Wir werden in Zukunft beispielsweise viel mehr Holz zum Bauen benötigen, da müssen wir eben woanders sparen. Und beim Papier geht das eigentlich sehr einfach. Einige konkrete Ideen zum Sparen für zu Hause haben wir hier schon mal zusammengetragen. Das sind nur Denkanstöße, wenn ihr überlegt, wo ihr selbst noch sparen könnt, findet ihr sicherlich noch mehr.

1. Macht **Anti-Werbung-Aufkleber** an den Briefkasten. Wenn ihr die Werbung nicht aktiv lest, ist sie direkt ein Fall für den Müll. Kann man ansonsten auch mit den Nachbarn teilen.

2. **To-go-Becher** aus Papier (oder Schlimmerem!) sind eine Plage. Wenn ihr sowieso immer um dieselbe Zeit am selben Ort euren Kaffee holt, bringt doch einfach einen Becher mit. Die Verkäufer der Becher werden sicher nicht als Erstes aufhören. Das müssen wir sein.

3. Geschenke sind klasse. Und die Überraschung ist größer, wenn sie eingepackt sind. Aber muss es unbedingt **Geschenkpapier** sein, oder ist eine Zeitung genauso gut? Ein lustiges Bild für die Vorderseite findet sich eigentlich in jeder Ausgabe.

4. Bitte keine **Papiertüten** im Geschäft kaufen! Lohnt sich in den meisten Fällen nicht, und wir altern um Jahre, während wir sie nach Hause tragen und hoffen, dass sie nicht reißen. Und sie reißen oft.

5. Verzichtet zu Hause, so gut es geht, auf **Küchenrollen** und **Servietten** aus Papier. Es gibt Alternativen aus Stoff, die können einfach gewaschen werden.

6. Auch **Papiertaschentücher** sind vermeidbar. Klemmt euch stattdessen mit einer Wäscheklammer die Nase ab. Also, wenn ihr wollt. Oder ihr denkt über Taschentücher aus Stoff nach. Ebenfalls waschbar, kein Müll, viel mehr Stil – Spitze! Ernsthaft. Überlegt es euch. Lukas & Lukas haben ihre damals auf einem Flohmarkt gekauft. Und ja, sie haben ein Karomuster.

7. **Druckt** nicht alles aus. Gilt besonders für die Arbeit oder die Schule. Spart neben Papier auch noch wertvolle Tinte oder Toner.

8. Packt euer Essen in Dosen statt in **Butterbrotpapier**. Schont nicht direkt Bäume, aber andere Gewächse wie Stroh oder Zuckerrohr, aus deren Fasern es gemacht ist.

9. Wenn ihr eure **Spickzettel** winzig klein beschriftet, passt mehr aufs Blatt. Okay, das gilt für alles, was ihr aufschreibt. **Nutzt den Platz effizient.** Beschreibt Vorder- und Rückseite, nutzt Altpapier als Schmierzettel und bringt den Einkaufszettel noch irgendwo in einem Eckchen unter.

10. Verzichtet auf Produkte, die **in Papier eingepackt** sind. Oder in einem Karton, der in einem größeren Karton eingepackt ist und zusätzlich mit Papier ausgestopft wird. Warum zur Hölle erwarten

eigentlich Versandhändler und Möbelhäuser, dass wir ihren Müll wegbringen? Frechheit. Da machen wir nicht mit. Das können wir uns nämlich sparen.

011 Glühbirnen & Co. — ein Lichtquellenranking

Auf einem ehrenhaften, aber ausgedienten **Platz 4**: die klassische **Glühbirne**. Sie macht meist ein warmes Licht, aber sie verbraucht viel zu viel Strom. Da geht so einiges in Wärme über. Und sie soll ja leuchten, nicht heizen.

Ein würdiger **Platz 3** geht an die **Energiesparlampe**. Sie spart schon Energie, nämlich 70 Prozent im Vergleich zur klassischen Birne, und sie macht angenehmes Licht. Aber die Liste ihrer Nachteile ist lang. Sie braucht teilweise einen Moment, bis sie hell ist. Ihre Brenndauer ist nur halb so groß wie bei Platz 2. Und dazu kommt die Entsorgung. Energiesparlampen enthalten Quecksilber (giftig, giftig).

Ein wirklich ausgezeichneter **Platz 2** geht an **LED-Lampen**. Sie brauchen 80 Prozent weniger Strom als normale Glühbirnen. Sie sind sofort hell, haben eine höhere Brenndauer und überstehen mehr Schaltzyklen als Energiesparlampen. Ihre Nachteile: Sie sind teurer als Energiesparlampen, ihr Licht ist teils kälter, und sie enthalten seltene Erden. Aber auf Letztere kann immerhin vielleicht schon bald verzichtet werden.

Platz 1 geht an die **Sonne**. Ja, Leute, was habt ihr denn gedacht! Tageslicht kostet nix, im Gegenteil: Die Sonne hat sogar so viel Energie übrig, dass wir welche davon haben können. For free.

012 Kippschalter gegen Kipppunkte (Stromsparen wie die Weltmeister)

Jeder und jede, die sich mit dem Thema Stromsparen beschäftigt*
(und das tun wir heutzutage ja alle), landet irgendwann beim Stand-by-
Dilemma. Ähnlich wie die unlösbaren Probleme der Mathematik beschäftigt es seit Generationen Heerscharen von Forschenden und Pri-
vatpersonen. Dabei ist die Lösung längst gefunden. Wenn jemand, in
welchem Rahmen auch immer, über Stromsparen doziert, fällt folgender
Satz: „Ich sag euch, der Stand-by-Modus, der zieht so viel Strom, des
glaubt mer fei gar net." Das gebannt lauschende Publikum hat sofort die
üblichen Verdächtigen im Kopf: Fernseher, Kaffeemaschine, PC. Alle auf
Stand-By. Verdammt! Doch damit nicht genug, es kommt noch schlimmer: *Alle* Elektrogeräte in deiner Behausung knuspern, knabbern und
schlürfen sich genüsslich den Strom rein, wenn du nicht hinsiehst. Alle.
Obwohl sie aus sind. Das hängt mit Physik und Widerständen zusammen. Zu allem Unglück ist auch noch eine große Ladekabelverschwö-
rung im Gang. Von Handy-, oder Laptop- bis Zahnbürstenkabel sind
alle dabei. Sie laden und laden, selbst wenn es nichts zu laden gibt. Bezahlt werden sie ja schließlich trotzdem. Teile des Publikums sind bereits
ungesund farblos im Gesicht, andere schon in Ohnmacht gefallen. Das
ganze sinnlos ausgegebene Geld, die ganzen unnötigen Schäden an der

---

* - „Ganz kurz mal eben, Lukas. Warum sollte man sich noch mal mit Strom sparen
    beschäftigen?"
- „Weil viele nicht ausschließlich grünen Strom verbrauchen, Kohle-, Gas- und
    Atomstrom bäh sind und der Natur schaden, wodurch wir bestimmte Kipppunkte
    schneller erreichen, und weil auch grüne Energie nicht unendlich verfügbar und
    daher kostbar ist, Lukas."
- „Ah. Danke."
- „Bitte."

Natur, die zum Teil verminderte Lebensdauer der Geräte – und das alles nur, damit mir mein Fernseher signalisiert, dass er potenziell jederzeit loslegen könnte? Damit mein Ladekabel die Luft lädt? Es knistert ja doch nichts.

Meist aber hat die dozierende Person, sofern sie nicht rein sadistisch motiviert ist, auch eine Lösung parat, um das mitgenommene Publikum seelisch und körperlich ein wenig aufzurichten: Man muss einfach nur immer den Stecker von allem rausziehen. Überall und zu jeder Zeit. Der Kreislauf wird unterbrochen, kein Strom fließt mehr, physikalisch unmöglich. „…und darum erhebe ich mein Glas auf die Physik und die gesamte Menschheit, die …"

HALT! Stoppt den Toast! Auf die Physik können wir trinken, auf die Menschheit vorerst noch nicht. Unser Problem ist noch gar nicht gelöst! Alle wissen doch längst, dass Geräte im Stand-by Strom ziehen, und zum Beispiel das mit den Kabeln ist auch kein Geheimnis. Der Punkt ist nur: Anscheinend hat einfach kein Mensch Bock, jedes einzelne Mal den Stecker rein- und rauszustecken, bevor man irgendwas benutzt. Ist ja auch verständlich, wenn man bedenkt, wo manche Steckdosen ihren Wohnsitz haben (die Lage, die Lage, die Lage).

Zeit also für die wirkliche, die echte Lösung des Problems. Und die lautet: Kippschalter (benannt nach ihrem niederländisch-belgischen Erfinder Kipp Chaltère). Nutzt Mehrfachstecker oder Steckdosenleisten mit einem Kippschalter (leuchtet rot), der den Stromkreislauf schließt, wenn sie eingeschaltet sind, und unterbricht, wenn sie aus sind. Alles was da dran hängt, zieht also keinen Strom mehr, wenn ihr den Schalter umlegt. Nada. Niente. Kein Steckergestocher mehr, keine unliebsamen Kriechübungen, kein „ach, kein Bock, mich zu bücken, ich lass drin" mehr. Nur noch Schalter umlegen. Du brauchst es grad nicht? KLACK! Du benutzt es später wieder? KLACK! Das willst du verdammt noch mal stecken lassen? ZACK, kannst du! Kippschalter gegen Kipppunkte, Baby!

Das Beste an Mehrfachsteckern mit Kippschalter ist: Sie kosten nur wenige Euro. Das Geld für den Strom, den ihr dann nicht mehr verschwendet, habt ihr recht bald wieder drin. Die Umwelt aber freut sich sofort. Also auf geht's, pflastert eure Stromlöcher mit Kippschaltern zu! Am besten alle! *Anyplace, anywhere, Kippschalter.*

013 How low can you go? Bildschrimhelligkeits-Limbo

Wenn ihr das nächste Mal an einem Bildschirm seid, und der moderne Mensch ist das ja recht häufig, dann kontrolliert mal die Bildschirmhelligkeit. Damit könnt ihr viel Energie sparen. Denn je heller das Gerät euch Inhalte anzeigt, umso mehr Strom zieht auch das Gerät. Da wir uns in Phasen des intensiven Bildschirm-Blickkontakts leider meist wenig bewegen, rufen wir jetzt einen kleinen Wettbewerb aus: den Helligkeits-Limbo. How low can *you* go? Musik ab!

- Je niedriger die Helligkeit, desto besser. Das Gerät braucht weniger Energie, und wenn es einen Akku hat, hält der länger.
- Passt die Helligkeit an wechselnde Lichtverhältnisse an, nutzt nicht dauerhaft die helleren Stufen.
- Viele Apps und Systeme bieten einen Dark Mode an. Das ist kein Schurkenmodus, sondern er stellt, vereinfacht gesagt, alle weißen Flächen schwarz dar. Nutzt ihn. Er ist faszinierend. Der Blick in die Tiefen des Bildschirms ist ein anderer.
- Schaut lieber Horrorfilme als Krankenhausserien (weil düsterer). Gut, nicht ganz ernst gemeint, aber uns gefällt der Gedanke.
- Meine eigene Idee:

  _____

  _____

  _____

- Mein bestes Limbo-Ergebnis: _____

014 Heute wäre ein guter Tag, um den Energiesparmodus einzuschalten ...

Hi Leute, ich … keuch, keuch … ich bin ein Bote aus der Vergangenheit und bin gerade hergerannt, um euch zu sagen … japs … ihr sollt … luftschnapp … *endlich* den Energiesparmodus an euren Geräten benutzen! Fast alle eure ach so modernen Sachen wie Smartphones, Tablets, PCs und so weiter haben einen, aber ihr … keuch … ihr nutzt ihn einfach nicht? Seid ihr deppert? Vom Konto soll ich euch sagen, der Stand hätte höher sein können und vom Akku soll ich ausrichten, er hätte ja länger gehalten, aber nein … *Jetzt* ist der Moment, ihn einzuschalten. Jetzt. Hust. Sofort!

Ist er an? Okay, bitte, bitte lasst ihn auch mal länger an. Sonst muss ich wieder herrennen, und der Weg ist weit, und das Versäumnis ist sowieso schon ärgerlich genug … Ich sehe, ihr versteht das. Und ich vertraue auf euch! Dann habe ich meine Mission hier erfüllt. Ich haste weiter, Leute, muss denen in 2034 ein dickes Sorry ausrichten! Oder doch nicht? Na ja, es hängt ganz von euch ab.

015 Akku gegen Batterie — 3, 2, 1, FIGHT!

Was ist denn nun eigentlich umweltfreundlicher, ein Akku oder eine Batterie? Damit wir alle vom Gleichen reden: Beide speichern Energie, nur sind Batterien nicht aufladbar, Akkus aber schon. Vorab mal gleich gesagt: Keine der beiden Alternativen ist so richtig umweltfreundlich. Verzichtet deswegen möglichst auf beides, wenn ihr könnt. Bei Neuanschaffungen solltet ihr zum Beispiel überlegen, wo ihr das Gerät überall nutzen wollt und ob ein oldschool Steckdosenanschluss nicht vielleicht cleverer wäre. Seid ihr etwa in eurer Garage am Handwerkeln, tun es absolut auch Werkzeuge mit Stecker und Kabel. Der Vorteil ist dabei, dass diese meist leistungsfähiger sind und länger halten. Ihr Akku verliert nicht an Power, weil sie keinen Akku haben. Wie sieht's bei eurem Laptop aus? Liegt er nur zu Hause rum, ist aber immer eingesteckt? Oder Rasierer und Elektrozahnbürste? Die nutzen wir sowieso eigentlich nur im Bad. Wenn ihr mal durch die Wohnung geht, findet ihr bestimmt einiges an Geräten, die auch ohne Akku und dafür mit Kabel ganz wunderbar funktionieren würden.

Aber ganz ehrlich, warum sollte man das tun? Akkus und Batterien sind doch der Hammer, und Strom für unterwegs ist Zivilisation, oder?!

Ja, mag schon sein, aber wie oben erwähnt, gibt es keine umweltfreundlichen Akkus und Batterien. Sie bestehen aus Nickel, Cadmium, Lithium und anderem Zeug, das sich nicht einfach materialisiert. Sondern es muss irgendwo abgebaut werden. Mit viel Aufwand und Folgen für die Umwelt und Menschen vor Ort. Deutlicher Minuspunkt. Außerdem dürfen sie nicht in den Hausmüll, sondern müssen fachgerecht entsorgt werden. Wegen der schädlichen Stoffe. Wir hoffen mal, ihr hört beziehungsweise lest gerade nicht zum ersten Mal davon. Falls doch: In den meisten Supermärkten kann man Batterien kostenlos abgeben; Akkus nimmt der Händler, bei dem ihr sie gekauft habt, zurück.

Aber was ist jetzt genau das geringere Übel, Akku oder Batterie?

Die Antwort haben wir in Form eines kleinen Quiz für euch vorbereitet. Bereit? Das eine kann man so 500- bis 1.000-mal aufladen, das andere braucht bei der Produktion 500-mal so viel Energie, wie später drinsteckt.

Klarer Sieg für [Trommelwirbel] den Akku. Aber auch die Batterie sollten wir nicht ganz abschreiben. Akkus sind nämlich vor allem sinnvoll für Geräte, die viel Strom verbrauchen oder die häufig benutzt werden. Batterien hingegen funktionieren besser in Geräten, die nicht so oft genutzt werden. Sie halten die Ladung besser und kommen daher zum Beispiel in Fernbedienungen zum Einsatz. Oder wie oft in eurem Leben habt ihr schon die Batterien in der Fernbedienung gewechselt?

016 Ein Knigge im Umgang mit Akkus

Weil Akkumulatoren uns den Alltag erleichtern, sollten wir ihnen Respekt erweisen. Aber sie haben auch schlechte Seiten, enthalten beispielsweise giftige Stoffe oder Material, das mit viel Aufwand gewonnen werden muss. Es ist also wichtig, dass Akkus möglichst lange leben, damit wir möglichst wenige von ihnen brauchen. Die gute Nachricht: Wir haben es selbst in der Hand, wie lange so ein Akku lebt. Mit der richtigen Technik beim Laden und Entladen. Technik?! Obernice!

Vorab erst mal: Wenn ihr **Nickel-Cadmium-Akkus** benutzt (gute Lebensdauer, v. a. für akkubetriebene Werkzeuge, aber auch in Elektrospielzeug oder Fernbedienung, giftig, seit 2016 weitestgehend verboten): Nutzt ihn, bis er leer ist, aber vermeidet Tiefenentladungen. Sonst leidet die Lebensdauer, oder ein Memory-Effekt kann eintreten. Dabei merkt sich der Akku, dass er für euch nicht so viel schuften muss, und tut das in der Folge auch weniger. Übrigens, wenn da steht „giftig": Das gilt natürlich für Mensch *und* Umwelt. Ist eigentlich blöd, das so zu trennen, wollten wir aber trotzdem betonen.

Die meisten mobilen Elektrogeräte des täglichen Bedarfs wie Smartphones, Tablets, Laptops haben mittlerweile einen **Lithium-Ionen-Akku.** Er kann noch nicht ganz Äonen von Jahren halten (etwa 500 bis 800 Ladezyklen, neuere Modelle wohl bald mehrere 1.000). Lithium-Ionen-Akkus sind beispielsweise den Studierenden, die sie nutzen, ganz ähnlich: Sie fühlen sich am wohlsten, wenn sie zwischen 20 und 80 Prozent voll sind. Ein zu niedriger oder zu hoher Akkustand reduziert die Lebensdauer. Das heißt jetzt aber nicht, dass ihr euer Handy immer für ein paar Minuten ans Kabel hängen sollt, um im magischen Bereich zu bleiben. Wenn aufladen, dann am Stück, und dann am besten bis knapp über 90 und nicht weiter. Wenn ihr das so macht, spart ihr außerdem den Strom, den das Kabel zieht, auch wenn das Gerät längst voll ist. Das Kabel hört nämlich einfach nicht auf. Es wartet ein bisschen, dann lädt es ein bisschen und wartet und lädt und wartet wieder und lädt dann. Das stresst den Akku zusätzlich, aber so ist das Ladekabel eben. Es heißt ja auch Ladekabel. Und nicht Hängekabel.

Moment, daraus ergibt sich ja, dass das Laden über Nacht gar nicht so klug ist? – Korrekte Einschätzung, Sir, Madam, Sir! Ich kann gar nicht oft genug betonen, wie zutreffend diese Schlussfolgerung ist! – Ja, und wann lade ich mein Handy dann? – Keine Ahnung, Madam, Sir! Das müssen Sie selbst wissen! Mit Verlaub; Madam, Sir!!

Wir kennen euren Tagesablauf nicht. Der ist ja schließlich privat. Aber es wird mit Sicherheit irgendwo ein Zeitfenster geben, um das Handy für eine Weile zu laden, oder? Schaut auch gerne mal auf die Uhr dabei, dann wisst ihr für die nächsten Male, wie viel Zeit ihr einplanen müsst. Besser als über Nacht laden ist ausschalten oder den Flugmodus nutzen und erst am nächsten Tag laden. Funktioniert aber nur, wenn ihr nicht so wichtig seid, dass ihr rund um die Uhr erreichbar sein müsst.

Und wenn ihr euch fancy Schnellladegeräte zugelegt habt, bedenkt bitte zwei Sachen: Erstens stresst Schnellladen den Akku. Wenn ihr Zeit habt, geht es doch lieber gemütlich an mit dem Laden. Zweitens achtet darauf, dass Adapter und Gerät vom gleichen Hersteller sind. Ansonsten sind sie häufig inkompatibel. Das ist ein Fremdwort und bedeutet hier so viel wie „Ressourcenverschwendung", „rausgeschmissenes Geld", „Mist, das muss ich umtauschen".

Ganz liebe Grüße und denkt wie immer beim Thema Technik daran: Meistens sitzt das Problem ja *vor* dem Rechner, hahaha. Wir sehen uns in irgendwelchen Foren!

017 Luxusproblem:
Computer vs. Laptop (vs. Tablet)

Egal ob ihr die Vorlesung noch mal durchgeht, chattet, arbeitet oder einfach nur im Internet abhängt (das sogenannte Surfen) – moderne Menschen machen unfassbar viel am Rechner. Manche von uns stundenlang, jeden Tag. Dabei kommt es mitunter zu einem echten Luxusproblem. Aber auch die wollen gelöst werden: Nutzt ihr, wenn ihr die Wahl habt, lieber einen Laptop oder den Computer?

Ganz klar: Aus Nachhaltigkeitsperspektive macht der Laptop mehr Sinn. Trotz Akku, denn er hängt nicht permanent am Strom und funktioniert trotzdem. Außerdem: kleinerer Bildschirm, weniger Verbrauch. Das ist sowieso eine gute Faustregel. Ihr könnt sie euch merken, müsst sie aber nicht aufschreiben, das haben wir ja schon gemacht. Wer schon Ableitungen in der Schule hatte, weiß dann auch, dass es folglich am meisten Sinn machen würde, das Handy zu nutzen. Nur geht das eben nicht immer. Aber vielleicht ja das Tablet?

Okay, okay, nicht alle haben so viel Technik im Haus. Ist ja auch besser so. Aber zurück zu Laptop und stationärem Computer: Wenn es gut läuft, spart ihr euch in einem Jahr im Schnitt ein Viertel an Energie. Und ihr wisst ja: Wer Strom spart, spart Geld, spart CO_2.

Und jetzt wollen wir auch gar nicht länger stören, ihr habt bestimmt viel zu tun, sitzt ja nicht ohne Grund am Bildschirm. Oder seid ihr da etwa am Daddeln? He!

018 Fragen, die uns nachts nicht schlafen lassen — was genau macht das Eco-Programm?

Habt ihr auch schon mal nach einer längeren Diskussion mit eurer Waschmaschine oder Spülmaschine nachts wach gelegen? Ist euer Blick auch auf das kleine, schelmisch leuchtende Eco-Programm gefallen, und ihr konntet absolut nichts damit anfangen? Echt Cooler Operationsmodus? Edle Charaktervolle Objekte? Was zur Hölle ist das Eco-Programm? Warum braucht das länger als normal und ist das wirklich umweltfreundlicher?

Dazu müsst ihr wissen, dass beim Waschen in der Spül- oder Waschmaschine am meisten Energie für die Erhitzung des Wassers benötigt wird. Das Eco-Programm heizt das Wasser nicht ganz so hoch und etwas langsamer, braucht aber dafür eben mehr Zeit. Zur Veranschaulichung: Ihr wollt ins Kino, zu Freunden oder sonst irgendwie von A nach B. Ihr könnt die Strecke sprinten, seid schneller da, aber verbraucht auch viel Energie und müsst erst mal ins Sauerstoffzelt. Oder ihr schlendert gemütlich, verbraucht weniger Energie und kommt dafür später, aber tiefenentspannt an.

Es kommt natürlich darauf an, was ihr für eine Maschine benutzt, aber mit dem umweltschonenden Programm könnt ihr euch schon mal die Hälfte (!) der Energie sparen. Was auch wieder bares Geld ist. Wenn ihr euch ganz sicher sein wollt, was das Programm bei euch bringt, schaut in die Bedienungsanleitung eures Geräts. Wenn ihr sie findet. Gibt's aber auch im Internet.

Es ist also super für euch, für die nicht benötigte Energie und das möglicherweise gesparte Wasser. Und wenn ihr aus Versehen mal wieder das „normale Programm" gewählt habt: Das macht gar nix, solltet ihr sogar zumindest ab und zu. Denn mit Vollwaschmittel beziehungsweise Spülmaschinenreiniger und einem etwas wärmeren Durchlauf werden

Rückstände besser entfernt, und das Geräteinnenleben wird gereinigt. Auch wieder nachhaltig. Dann können wir ja jetzt beruhigt alle schlafen gehen.

019 Wo sind die ganzen Pluszeichen hin? — Effizienzklassen erklärt

1995 wurde die Energieeffizienz erfunden. Also fast. Da wurden zumindest entsprechende Labels auf Elektrogeräten eingeführt. Und das ist auch gut so, denn sie zeigen uns an, wie gut das Gerät dann in der alltäglichen Nutzung für Umwelt und Geldbeutel ist. Durch den sogenannten Fortschritt wurden die Geräte allerdings effizienter (was gut ist) und rutschten in die Spitzengruppe A (die als gut gilt). Weil die Geräte, die sich fortan in Gruppe A tummelten, sich in ihrer Effizienz untereinander weiterhin stark unterschieden, wurde einfach ein Plus für besonders gute Geräte angehängt. Und mit den Jahren dann noch eins. Und noch eins. Das hat zu Verwirrung geführt, weil Klasse A sich zwar noch spitze angehört hat, es aber schon längst nicht mehr war.

Damit ist nun (erst mal?) Schluss, zumindest für Geschirrspüler, Waschmaschinen, Waschtrockner, Kühlgeräte, Fernseher und alle Monitore. Denn seit März 2021 gibt es für diese Geräte ein neues Label. Es reicht nur noch von A bis G. Wir nehmen uns ein Minütchen und gedenken aller Pluszeichen, die uns verlassen haben. Eure Geräte zu Hause werden dadurch um ein paar Stufen zurückfallen. Denn alle Geräte werden neu bewertet, bevor sie das neue Label erhalten. Die neue Berechnungsmethode verwendet mehr Variablen und soll dadurch realistischer sein. Spontan kann also niemand sagen, ob euer altes A+-Gerät nun genau in C oder D fällt. Außerdem bleiben die obersten Stufen noch frei, um den Herstellern Spielraum nach oben zu lassen. Ein zutiefst sportlicher Gedanke, wie wir finden – schließlich verkündet man auch nicht *vor* einem Wettrennen, wer gewonnen hat, zumindest wenn noch jemand mitmachen soll. Und wenn wir das nicht so machen würden, müssten wir in ein paar Jahren wieder die Pluszeichen reanimieren. Wäre aber okay für uns. Mehr Effizienz geht immer.

War euer Lieblingselektrogerät noch nicht dabei? Für Trockner, Staubsauger und Backöfen soll das Label 2024 kommen. Heizungen und Klimaanlagen bekommen ihres voraussichtlich 2026.

Wer die Jacke jetzt schon anhat und gerade neue Elektrogeräte shoppen gehen wollte, sollte sich noch mal kurz hinsetzen und durchatmen. Holt euch am besten dann ein neues Gerät, wenn das alte wirklich nichts mehr hergibt. Denn Herstellung und Transport der Geräte benötigen viel Energie. Wenn ihr euch doch ein neues Gerät anschaffen müsst, dann geht vor wie knüppelharte Unternehmensberatungen: Schaut zuallererst auf die Effizienz. Was euch die Labels darüber so erzählen, wisst ihr ja jetzt.

020 Fuß vom Gas! — zu Hause richtig heizen

Zum guten Heizen gehören natürlich auch eine gute Dämmung am Haus und eine Heizung, die nicht gerade durch Öl betrieben wird. Wenn ihr könnt, geht das an. Wie auch immer, für solche kostspieligen und großen Projekte sind wir ja nicht hier. Hier geht's um Alltägliches, nicht um einen Ausflug ins Heizungsinstallationswesen. Heizen ist was sehr Alltägliches. Und man glaubt gar nicht, wie viel Energie wir dafür raushauen: Ein durchschnittliches Einfamilienhaus verwendet rund drei Viertel (und mehr!) seiner Energie für die Bereitstellung von Wärme (Warmwasser, Raumwärme). Also mal ganz kurz Fuß vom Gas und sacken lassen. Drei Viertel. Mehr als alle Geräte und Beleuchtung zusammen. Wow. Okay, haben sich alle gefangen? Eigentlich können wir uns sogar freuen, denn wir müssen einfach nur unser Heizverhalten optimieren (in Wirklichkeit sind es nämlich gar nicht die Häuser, die die Energie brauchen, sondern wir). Wer Heizenergie spart, hebelt am ganz großen Hebel. Je nachdem, wie ihr heizt, macht sich das in Umwelt *und* Geldbeutel bemerkbar.

Um die volle Heizwirkungen zu entfalten, solltet ihr darauf achten, dass die Heizkörper entlüftet sind (wir machen das mit euch in Abschnitt 021). Und denkt daran, die Feng-Shui-Energien fließen zu lassen (023).

Heizungsbasiswissen, Kursus I: Was die Zahlen bedeuten

Jeder Zahl ist eine bestimmte Gradzahl zugeordnet, die ihr am Thermostat der Heizung einstellen könnt.

Schneeflocke:	5 Grad (verhindert Einfrieren)
Stufe 1:	ca. 12 Grad
Stufe 2:	ca. 16 Grad
Stufe 3:	ca. 20 Grad
Stufe 4:	ca. 24 Grad
Stufe 5:	ca. 28 Grad

Heizungsbasiswissen, Kursus II: Konkrete Umsetzung

1. Heizt nicht im Sommer, das wäre in den allermeisten Fällen hochgradiger Unfug. Die Hauptsaison fürs Heizen ist von Mitte Oktober bis Mitte April (also je nachdem, wie das mit dem Klima so weitergeht). Wenn es außerhalb dieser Zeiten kalt ist, könnt ihr die Heizung natürlich trotzdem anmachen. **Heizen mit Augenmaß**, darauf kommt es an.

2. Fenster auf Kipp sind die natürlichen Erzfeinde jeder Heizung. Sie sorgen weniger für frische Luft und mehr für auskühlende Wände.

Viel besser: Fenster ein paarmal am Tag aufreißen und **stoßlüften**, währenddessen die Heizung ausmachen.

3. Heizt eure Räume **nach Bedarf**. Zimmer, in denen ihr euch nie oder nur ganz selten aufhaltet, sind erstens ein Luxusproblem (wir sind ein wenig neidisch) und müssen zweitens nicht dauerhaft beheizt werden. Die Schneeflocke ist hier das Symbol der Wahl.

4. Nutzt verschiedene **Richtwerte** für zu Hause: Im Wohnzimmer, wo wir uns die meiste Zeit aufhalten, darf es schon angenehme 20 Grad haben. Im Schlafzimmer darf es für geruhsame Nächte mit 18 Grad ruhig etwas kühler sein. Im Bad gerne wärmer, hier sind 22-23 Grad passend. Für die Küche reichen auch wieder 18 Grad, da Kühlschrank und Backofen Wärme abgeben und gleich mitheizen. Ihr kennt das sicher, wenn es beim Kochen mal wieder zu warm wird. Sind, wie gesagt, alles nur Richtwerte, passt sie ruhig an eure Bedürfnisse an. Aber denkt daran: Jeder eingesparte Grad macht einen großen Unterschied. Wie beim Klima eigentlich.

5. Haben wir die richtige Temperatur erreicht, wollen wir sie auch im Raum halten. Schaut also, dass die **Türen** zu den anderen Räumen zu sind und auch dichthalten, damit die Wärme nicht entweichen kann. Zur Not legt ihr einen Zugluftstopper davor.

6. Manchmal sind eine **Decke** und jemand zum Kuscheln viel kuscheliger, als die Heizung hochzudrehen.

7. Oder ein Tässchen/Kännchen **Tee**.

8. Fenster lassen einiges an Wärme durch, deshalb abends: **Rollläden** runter, Vorhänge zu! Das isoliert und hält die Wärme.

9. Nach dem Hochdrehen auch wieder **runterdrehen**. Klingt trivial, aber denkt bitte trotzdem daran: Wenn ihr einen Raum (die Wohnung, das Anwesen) länger verlasst, muss es darin auch nicht so warm sein. Für wen denn? Wenn überhaupt, dann nur für die Katz.

So. Wir haben euch jetzt diesen recht großen Hebel gegeben. Bitte geht verantwortungsvoll damit um. Und haut auf nichts ein. Außer es ist eure ausgediente fossile Anlage. Ganz viel Spaß beim Hebeln. Und beim Geldsparen. Und beim Umwelt schützen.

021 Ist die Luft so richtig raus? Heizung entlüften

Wenn die Heizung Geräusche macht, nicht warm wird, kalt bleibt und generell einmal vor Beginn der Heizperiode, sollte sie entlüftet werden. Was man dazu braucht: Lappen, Schüssel, Zange oder Entlüftungs-schlüssel je nach Ventil.

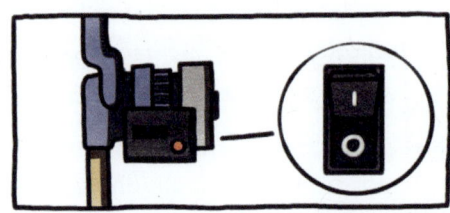

Im Eigenheim:
Umwälzpumpe abstellen, sitzt meistens neben dem Heizkessel, integriert ins Rohrsystem. ca. 1 Stunde warten

Im Mehrfamilienhaus:
Heizung abdrehen
Im Eigenheim:
Heizung voll aufdrehen

Schüssel unter das Entlüftungsventil und die Zange oder den Entlüftungsschlüssel nehmen.

Langsam im Uhrzeigersinn drehen. Es wird ein Zischen zu hören sein, wenn das aufhört und nur noch Wasser kommt, das Ventil wieder zudrehen.

Als Nächstes mit allen Heizkörpern in der Wohnung machen. Beim Haus von oben nach unten.

Druck am Manometer überprüfen und gegebenenfalls Wasser nachfüllen.

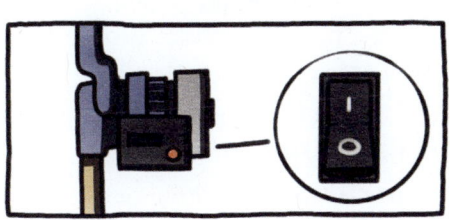

Umwälzpumpe wieder einschalten

022 Ohne Elektrizität, aber mit Strömen — ein Lüftungs-Guide

Spürt ihr das? Die Luft ist geladen. Sie knistert. Die Energie ist also schon da, wir müssen sie nur noch für uns arbeiten lassen. Frische Luft macht munter, weht den Mief aus der Wohnung und beugt Schimmel vor. Mit anderen Worten: Luft verbessert die Luftqualität ganz enorm. Und abgesehen davon, brauchen wir sie auch noch, um nicht abzunippeln. In diesem Lüftungs-Guide weihen wir euch ein in die Geheimnisse der unsichtbaren Energien und Ströme, die beim Lüften so schalten und walten.

Luft, die unsichtbar durch unsere Zimmer gleitet, nimmt Feuchtigkeit auf und trägt sie mit nach draußen – wenn wir sie lassen. Zwei- bis viermal täglich sollten wir lüften. In Räumen, in denen wir uns mehr aufhalten, sowie Bad und Küche besser öfter, da sich hier die Feuchtigkeit schneller sammelt. Und zwar wird **stoß- bzw. quer gelüftet**! Und das geht so:

Wenn ihr energetische Stromlinienbeeinflussung mittels eines Heizapparates betreibt, schaltet ebenjenen Apparat bitte aus. Es wäre die falsche Energie zur falschen Zeit. Und dann öffnet die Fenster **groß**.* Beim Querlüften zusätzlich auch noch an gegenüberliegenden Seiten der Wohnung die Fenster aufreißen und Türen geöffnet halten. Am besten macht ihr das mindestens (!) einmal morgens und abends, da ist die Luft am kältesten und die Austauschrate am besten (weil die Energien munter strömen). Je nach Jahreszeit solltet ihr außerdem die Dauer des Lüftens anpassen: Winterenergien sind rau und hart, sie verrichten ihr Werk in maximal fünf Minuten. Sommerenergien plätschern gemütlich vor sich hin und halten gerne mal zwischendrin Siesta. Ihnen könnt ihr so etwa 30 Minuten geben. Wenn das Fenster nicht sowieso die ganze Zeit offen

---

* Dreht dafür den Knauf mit einer Hand eurer Wahl.

ist. Die Energien von Frühling und Herbst sind kompromissbereiter und mit 10 bis 20 Minuten zufrieden. Ach so, und wenn ihr die Fenster geschlossen habt, könnt ihr auch den Heizapparat wieder ankurbeln.

Bevor wir jetzt weiter machen, habt ihr zwei Möglichkeiten:

a) Wenn ihr mehr darüber wissen wollt: Dahinter steckt neben energetischen Strömen auch ein bisschen Physik: Warme Luft kann mehr Feuchtigkeit aufnehmen als kalte. Strömt nun also kalte Luft in die Wohnung, wärmt sie sich auf und nimmt dabei auch Feuchtigkeit auf (die Energien gleichen sich gerne an). Strömt die aufgewärmte Luft dann mit dem sogenannten *großen Durchzug* ins Freie, nimmt sie die Feuchtigkeit gleich mit.

b) Danke, mehr wollte ich gar nicht wissen.

Nachdem wir nun darüber gesprochen haben, wie es geht, müssen wir jetzt auch noch mal sagen, wie es nicht geht und warum. Die großen Energien haben es uns aufgetragen. Und weil sie sonst immer die ganze Arbeit erledigen, tun wir ihnen diesen Gefallen gerne. Kippt nicht die Fenster! Wiederhole: Kippt nicht die Fenster! Zumindest so lange irgendwo im Haushalt eine Heizung läuft. Wenn nicht, alles cool. Nur: Der kleine Spalt braucht ewig, um die Luft im Raum auszutauschen, ist aber vergleichsweise fix darin, die Wände rund um das Fenster auszukühlen zu lassen. Das kann einerseits die Schimmelbildung fördern. Andererseits ist Masse bekanntlich träge, die massive Wand braucht also entsprechend lange, um sich wieder aufzuwärmen. Und ihr müsst die Wand mit euren Heizkosten auch noch dafür bezahlen. Das ist nicht nur energetischer Unsinn, das ist auch unternehmerischer Unsinn! Und da hört der Spaß auf. Das gehört beendet! Viel Vergnügen an der frischen Luft!

„Heda, halt! Redet ihr übers Lüften? Bin ich zu spät? Es ist nur, ich wohne ganz oben unterm Dach und musste erst mal die ganzen Stufen hier runter …"

Schon gut, so viel Zeit muss sein. Herzlich willkommen, setz dich. Bei dir sieht das so aus: In deinem Reich regiert neben dem großen Durchzug auch der ehrwürdige Kamineffekt. Ersterer fließt waagerecht, Zweiterer senkrecht. Wenn du ein Dachfenster hast, kannst du diesen Gratiseffekt für effektiveres Lüften nutzen. Mach dein Dachfenster so weit auf, dass es im 90-Grad-Winkel zur Dachschräge steht. Wir wissen: Warme Luft steigt auf, kalte Luft sinkt ab. Das liegt an diesem Thermodynamo-Dingsda, das wir ausführlich beim Kühlschrank (Abschnitt 027) erklären. Bei geschlossenem Fenster wandert also die warme Luft innen an der Schräge hinauf. Ist das Fenster aber wie beschrieben geöffnet, nimmt die Luft stattdessen den anderen Weg und wandert über den Sims ins Freie. Gleichzeitig landen kühle, absinkende Luftmassen auf der Scheibe, die zu einer einzigen gläsernen Rampe für erfrischenden Luftdurchzug ins Innere deiner Behausung weht. Herrlich, die Brise, die da weht! Da schlackern dir die Ohrläppchen!

023 Feng-Shui-Style: energetische Tipps zum Wohnung einrichten

Hallo zusammen und herzlich willkommen zum Grundkurs „Energetische Wohnungseinrichtung für angehende Zen-Maestras bzw. Zen-Maestros". Mein Name ist Käpt'n Sao Feng-Shui. Ich betreue den heutigen Kursus und verleihe Ihnen das Abzeichen. Vorausgesetzt natürlich, Anwärterinnen und Anwärter, ihr kennt die folgenden acht Regeln auswendig und gelobt, sie zu befolgen. Seid ihr bereit für die endgültigen, ehrwürdigen güldenen Regel der Zen-Einrichtungskunst?

- **Regel #1:** Ihr sprecht verdammt noch mal über den Kursus!

- **Regel #2:** Energien müssen fließen. Stau ist schlecht. Heizungen produzieren Energien in Form von Wärme. Stellt sie nicht zu, gebt ihnen *mindestens* eine Handbreit Abstand. Und lasset die Energien in den Raum hineinströmen und euch berühren.

- **Regel #3:** Rücket Elektrogeräte mit eingebautem Kühler (z. B. in Gitterform am Kühlschrank) stets ebenso eine Handbreit von Wand, wenn ihr es vermögt. Sodann zirkulieren die Lüfte besser, Wärmeenergie zieht ab, und der Kühler kommt zu seinem Zwecke.

- **Regel #4:** Knüpfet (na gut, oder kaufet oder tauschet) Teppiche. Sie halten Geräusche und auch Wärme fest im Raum. Denn es gilt, vergesst das nie: Auch menschliche Geräusche sind pure Energie.

- **Regel #5:** Respektieret unterschiedliche Energiekreiszeichen wie Hitze und Kälte. Sie werden sich für immer bekämpfen, bis ihre Mächte nicht mehr kontrollierbar sind und sie sich gegenseitig auffressen. Der Kühlschrank etwa sollte nicht am wärmsten Ort stehen, beispielsweise neben dem Ofen.

- **Regel #6:** Schließet Rollläden und Jalousien, wenn es kalt ist, lieber früher als zu spät. Die ewig um Ausgleich bemühte Energie strömet sonst hinaus ins Kalte. Durch Wand und Glas und jede Spalte. Schließet ebenso die Türen, sodass euer Zimmer ein Kosmos gleicher Energie sein kann.

- **Regel #7:** Pflanzen aller Art sind Energieproduzenten reinster Form. Ihr Anblick ist entspannend, sie verbessern das Raumklima und geben Feuchtigkeit an die Luft ab. Nur durch ihre Existenz und einen Schubs Wasser. Viele Pflanzen können euch auch darüber hinaus von Nutzen sein (Abschnitt 060, 062).

- **Regel #8:** Auch Tageslicht ist positive Energie. Alles, was gute Lichtverhältnisse braucht, wie zum Beispiel der Arbeitsplatz, sollte daher in Fensternähe gelegen sein. Rausgucken aber bitte nur in den Pausenzeiten.

Wenn ihr diese Regeln verstanden und verinnerlicht habt, ehrenwerte Zen-Anwärterinnen und -Anwärter, so tretet vor und unterzieht euch der Prüfung. Ansonsten wär's das fürs Erste von meiner Seite, vielleicht noch ein Hinweis: Nächste Woche findet in diesem Mehrzweckraum der Kursus „Cool rumstehen" von Frau Markwart statt, den ich Ihnen wärmstens empfehle.

024 Komplizierte Chemie und natürliche Reiniger

Wie ihr sicher wisst, ist Chemie etwas wahnsinnig Kompliziertes. Man braucht dafür weiße Kittel, Schutzbrillen und Experimente. Und das ist nur der lustige Teil. Viel wichtiger und schlimmer noch: Gleichungen lösen und rechnen muss man auch noch. Und da hört's auf! Da ist der Punkt, wo wir sagen müssen, es re… Moment, nein, *da* ist der Punkt. Ja, ähm, genau hier. Es hört da auf, wo wir verstehen, dass chemische Dinge, ob wir sie nun verstehen oder nicht, von vorne bis hinten schädlich sind für uns *und* die Umwelt. Zum Beispiel weil sie über Abwasser und Klärschlamm in Meeren oder auf Feldern landen. Aber wir wiederholen uns da möglicherweise.

Warum also nicht Dinge tun, die wir verstehen, weil sie wirklich so babyleicht sind, dass das echt *alle,* wie fern sie auch immer sein mögen, abholen müsste: reinigen. Das ganze Haus. Mit fünf Zutaten. Legt Metal oder Mozart auf oder was auch immer ihr zum Putzmittel anrühren gerne so hört, jetzt wird gebraut!!

Einkaufen? Entfällt! Ihr habt bestimmt längst alles da. Ihr braucht: **Natron, Essig, Zitronensäure, Kernseife** und **Soda.**

Natron ist ein wahrer Gestaltenwandler: kann Polster reinigen, kann Spülmittel sein, kann Öfen reinigen, kann Fugen schrubben. Sag mir eine Sache, die du nicht kannst, Natron! Aha! Sprechen und antworten also schon mal nicht.

Zitronensäuren, Essig und dessen Essenz sind Spezialisten in Sachen Entkalkung. Damit decken sie den Küchen- und Badbereich weitestgehend ab.

Kernseife, am besten Biokernseife, ist langlebig, deshalb spitze und kommt als Zutat in mehrere Reinigungsmittel. Rezepte und Anleitungen hierfür und für alle genannten gibt's im Internet.*

Soda reinigt Wäsche, Oberflächen und sogar Abflüsse.

Fünf Hausmittel, fünf Argumente für Putzen 2.0:

1. Seeehr viel weniger Kosten
2. Seeeeeeeeeehr viel weniger Plastikmüll
3. Sehr viel mehr biologisch
4. Sehr viel leichter verständlich
5. Das mit dem Plastikmüll zählt für zwei.

025 Denkt an die Kinder – Zero Waste für den Nachwuchs

Okay, Leute, rufen wir uns noch mal ganz kurz in Erinnerung, für wen wir das mit dem Umwelt- und Klimaschutz eigentlich machen. Wenn wir noch eine Weile leben, schon auch für uns. Also wegen Lebensgrundlage und so, ein bisschen bestimmt aber auch fürs Ego: Schließlich wollen nicht *wir* die Generation sein, die das mit dem Leben auf der Erde

---

* Schaut zum Beispiel bei Utopia.de. Am besten nicht nur für Putzmittel, sondern für alles, was mit Nachhaltigkeit zu tun hat.

an die Wand gefahren hat. Wir machen es also für uns, aber noch mehr für die Kinder. Und an die denkt sowieso viel zu selten irgendjemand.

Von unseren Handlungen profitieren aber sämtliche Generationen, die da noch kommen. Einfach weil sie nicht ständig Brände löschen, Stürme fürchten, Hochwasser beseitigen müssen, sondern auch noch Zeit haben, mal ein Buch zu lesen oder so. Hier kommen Ideen, wie die Kinder doppelt profitieren:

Viele Sachen, die gemeinhin in die Kategorie Müll fallen, sind eigentlich noch gut. Wenn ihr zu Hause zum Beispiel Küchen- und Toilettenpapierrollen, Kartons oder Korken habt, werft sie nicht weg. Das Gleiche gilt für Stoff- und Wollreste, Käseverpackungen aus Holz, Zeitungen (für Pappmaschee), Plastikflaschen und Joghurtbecher. Meist freuen sich Kitas, Kindergärten und Schulen über das kostenlose Bastel- und Spielmaterial (fragt einfach mal nach und vernetzt euch). Und ihr seid euren Krempel los. Win-win. Plus die Kinder freuen sich gleich, statt erst in einigen Jahren, wenn sie verstanden haben. Sagt man nämlich einem Kleinkind: „Du musst keine Zukunftsängste haben, weil wir Müll vermeiden", schaut es nur fragend, weil es das Wort „Müll" nicht versteht. Kann es aber in einer Kiste voller Korken toben, freut es sich sofort. Und wird dir für deine Taten auch in Jahrzehnten noch dankbar sein. Win-win-win. Oh man, wie viele Wins sind in einer einzigen Situation überhaupt legal?

Die Küche

026 Kühlschrank & Kühltruhe: Abtauen, Girl!

Es war einmal die kleine Alma, die jobbte in ihren Ferien immer bei ihrer Tante Hanne. Alma liebte die Zeit bei Tante Hanne, denn Tante Hanne war die coolste Socke, die auf diesem Planeten jemals unterwegs war. Ihre undefinierbare Frisur zierten je eine graue und eine immer anders bunte Strähne. Sie war die mutigste Frau, die Alma kannte, weil sie mutige Sachen sagte und mutige Dinge tat. Tante Hanne ließ sich von niemandem etwas sagen, besonders nicht von Männern. Dafür hatte sie schließlich ihren Kater Prinz, mit dem sie abends auf dem Sofa saß, Nelkenzigaretten rauchte und fremde Menschen im Fernsehen beleidigte. Alma genoss die Abende mit Tante Hanne sehr, denn mit Hanne war es nie langweilig. Aber, und das mag verrückt klingen, noch mehr liebte Alma die Arbeitstage mit ihr. Denn Tante Hanne hatte den coolsten Job der Welt: Sie arbeitete im Kundendienst eines Herstellers von Kühlschränken und Kühltruhen. Das an sich war nicht das Beste, das waren nämlich die Fahrten in Hannes klapprigem Arbeitsbus. Hanne liebte zwar die Arbeit mit den Geräten, weil sie dabei revolutionäre Lieder trällern konnte. Aber das wirklich Beste war der Moment nach Feierabend, wenn die beiden Ladys ölverschmiert und glücklich in den alten Reparaturbus von Hanne stiegen. Dann tuckerten sie so dahin, hörten

Musik mit Schimpfwörtern und plauderten über den Tag und die Menschen, die sie getroffen hatten. Und an besonderen Heimfahrten wurde Tante Hanne ganz ernst. Dann sagte sie Sätze wie „Du musst sorgsam mit ihnen umgehen, Alma" und „Viele sind ja zu kalt eingestellt, bisschen weniger würde auch reichen, aber weißte ja" und „die Leute sollten sich vielleicht überlegen, was sie brauchen, bevor sie die Tür ewig offen stehen lassen". Dann pflegte sie sich aufzuregen, über eindeutig unterforderte und klar überforderte Geräte und besonders deren Besitzer:innen, über die unfähige Politik und falsch gelagerte Lebensmittel. Sie konnte sich stundenlang aufregen, das machte sie gern. Aber irgendwann lachte sie auch immer wieder und dann war es das schönste Lachen der Welt. „Weißte ja, Alma, ne, aber wenn du den Kühlgeräten was Gutes tun willst und 'ne ganze Menge Energie sparen willst, dann musst du sie regelmäßig abtauen, Girl!" Und dann drehte sie das Radio auf und sang mit, und es klang laut und falsch und toll.

027 Kühlschrank richtig füllen = richtig lange Haltbarkeit

Was haben die Physik und deine Einkäufe gemeinsam? Klare Sache, oder? Sie treffen sich im Kühlschrank. Was bei diesen Meetings passiert und wie wir sie für uns nutzen können, besprechen wir hier.

Lebensmittel wegzuwerfen ist echt nervig – und das aus zwei Gründen: moralisch (das „Lebensmittel sind kostbar"-Argument) und monetär (man hat mit der vergammelten Gurke gerade bares Geld im Müll versenkt). Egal, ob moralisch, monetär oder von beiden Seiten betrachtet – jedes Mal, wenn Essen im Müll landet, ist das frustrierend. Und weil wir eigentlich lieber gut gelaunt sind als frustriert, holen wir uns jetzt die Physik dazu. Wobei, eher ihre kleine Schwester, die Thermodynamik. Im Kühlschrank und auch sonst sorgt sie dafür, dass kalte Luft nach unten absinkt und warme Luft nach oben steigt. Diesen kostenlosen Service nutzen wir, um die Lebensmittel möglichst artgerecht zu lagern. Je besser uns das gelingt, umso länger halten sich Lebensmittel, umso weniger müssen wir wegwerfen. Und dafür brauchen wir keine aufwendigen Formeln zu berechnen, sondern nur ein wenig umsortieren.

Fangen wir ganz unten beim **Gemüsefach** an. Liebe Singlemänner: Das ist die Schublade, in der ihr euer Bier lagert. Seine Schubladenform hat Auswirkungen auf das „Klima" in diesem Bereich: Eine erhöhte Luftfeuchtigkeit sorgt dafür, dass Gemüse länger knackig, frisch und vitaminreich bleibt. In dieses Fach kommt (oh Wunder, oh Wunder) Gemüse. Also das ganze Grünzeug wie Salat oder Lauch, aber auch Pilze und viele Obstsorten.

Darüber liegt der kühlste Ort im kühlen Schrank. In das **untere Fach** kommen leicht verderbliche Lebensmittel wie Fisch und Fleisch, also auch Wurst und Schinken. Wenn ihr was davon öffnet, packt es danach am besten in luftdicht verschließbare Boxen. Faustregel: Je weniger Platz für Luft in der Box ist, umso weniger Luft haben die bösen Bakterien zum Atmen. Also auf die entsprechende Größe achten.

Kommen wir zum Laktosefach. In **die Mitte** kommen sämtliche Milchprodukte. Also Milch, Käse, Quark, Sahne, Joghurt und so weiter. Gourmets lagern hier auch Feinkost wie z. B. Antipasti.

Ganz oben ist es – der Thermik wegen – am wenigsten kühl. Das heißt, hier wird alles einsortiert, was wenig Ansprüche hat. Dazu zählen Getränke, verschlossener Käse, angebrochene Konserven und fertig zubereitete Gerichte, die ihr später noch mal aufwärmen wollt.

In der **Tür** gilt wie im Rest des Schrankes: Die unteren Fächer sind kühler als die oberen. Weil beim Öffnen der Tür warme Luft in den Kühlschrank strömt, gilt noch eine zweite Regel: Hinten ist es im Kühlschrank kühler als vorne. Unten in die Tür kommen angebrochene Getränke rein, in die Mitte packen wir Soßen und offene Glaskonserven, im Penthouse residieren Butter, Margarine und Eier.

Das Tiefkühlfach ist eigentlich selbsterklärend: Was wir im Supermarkt aus der TK-Abteilung holen, kommt auch zu Hause ins Gefrierfach. Klare Sache. Außerdem: Die Anglerschaft räumt hier ihren frischen Fisch ein, die Jägerkaste das frisch Geschlachtete. Die Backinnung lagert hier Brot und Kuchen für mindestens eine halbe Ewigkeit ein. Und weil alles, was eingefroren wurde, irgendwann auch wieder aufgetaut werden muss, hier noch ein **Profitipp**: Taut euer Essen (vor allem: Fleisch, Nudeln, Reis) im Kühlschrank auf. Dauert zwar länger, gibt aber die Kälte an die Luft im Schrank ab und spart viel Energie. Umgekehrt spart es auch Energie, wenn ihr warmes Essen erst mal abkühlen lasst, bevor es in den Kühlschrank kommt.

Einige Lebensmittel schmecken sogar besser und halten sich länger, wenn sie den **Kühlschrank nicht von innen sehen** müssen. Dazu gehören tropische Früchte (die mögen's halt einfach warm), Tomaten, Kartoffeln, Zucchinis, Äpfel und Birnen. Spart auch wieder Energie, die nicht extra runterzukühlen. Physik, bäm! Stopft den Kühlschrank nicht zu voll (für Studenten nicht prüfungsrelevant), denn dann kann die Luft im Schrank nicht mehr richtig zirkulieren. Das macht die Kiste ineffizienter.

Wir hoffen, dass eure Lebensmittel nach dieser Lektion ewig halten und ihr euch das Ärgernis erspart könnt, Essen wegzuwerfen. Danke an Physik und Thermodynamik, dass ihr so cool seid.

Und weil wir auch ein bisschen cool sind: Damit ihr nicht einzeln nachlesen müsst, was wohin kommt, gibt's auf der nächsten Seite das Ganze noch mal von unserem coolen Grafiker Paul in einem einzigen Bild zusammengefasst. Rauskopieren, aufhängen, fertig!

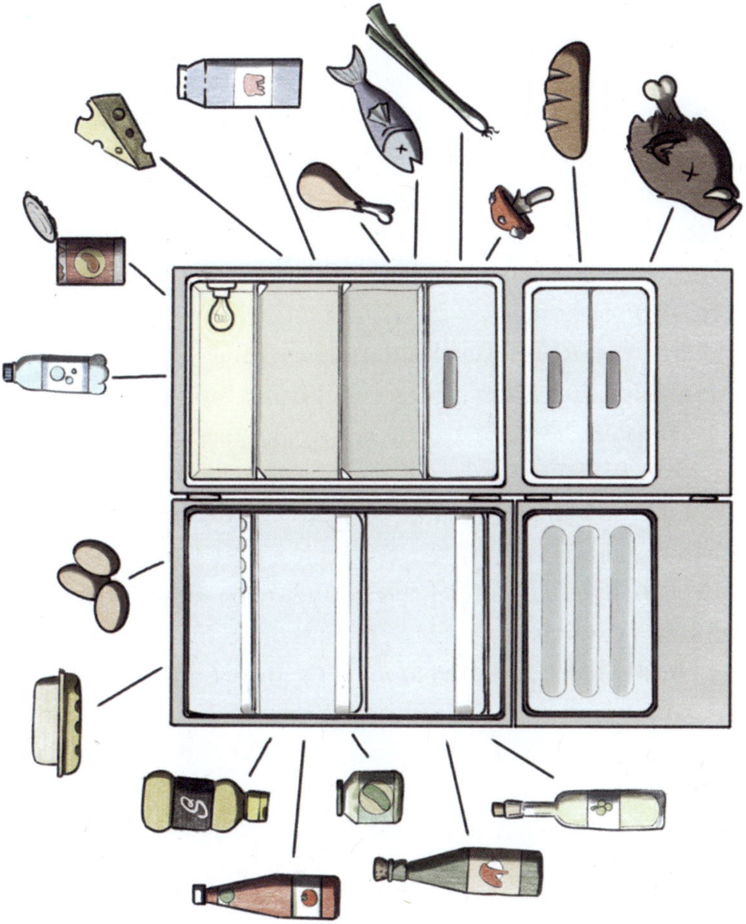

028 Der Spülbereich — das Herzstück des Küchengeschäfts

Töpfe, Pfannen, Obst, Gemüse – dauernd fällt am Spülbecken was an. Deshalb ist die Spüle einer der wichtigsten Orte in jeder Küche. Wann spülen, wann in die Spülmaschine, wie wäscht man am besten ab? Wir verbinden gute Momente mit der Spüle, haben aber auch sehr viele Fragen. Antworten haben wir gesucht, während wir den eingebrannten Topf eingeweicht haben.

Vorneweg: Wenn ihr nur Obst oder Gemüse waschen wollt: Je nachdem, wie viel das ist, lohnt es sich auch hierfür, das Wasser zu stauen. Und dann kommen wir auch schon zum schmutzigen Teil.

Ganz wichtig ist das richtige Arbeitsgerät. Organisiert euch am besten biologisches, ökologisches, natürliches **Spülmittel**. So vermeidet ihr, dass Schadstoffe aus konventionellem Spülmittel in den Wasserkreislauf gelangen. Genauso solltet ihr auf biologisch **abbaubare Schwämme und Bürsten** umsteigen (schaut mal bei 066 vorbei!). Solche Sachen müssen nämlich häufiger ausgetauscht werden – und dabei fällt nicht abbaubarer Müll an. Wie wir zu Müll stehen (müssen), wisst ihr ja. Wart ihr schon im Basislager?

Nun zur Spüle. Bevor es losgeht: Reste und Verschmutzungen im Müll entsorgen beziehungsweise einer akzeptableren Verwertungsweise zuführen. Alles, was eingebrannt ist, wird erst mal **eingeweicht**. Heißt ausreichend Wasser rein (es darf gerne warm sein oder besser: durch die Restwärme des Herdes aufgewärmt werden) und ein Tröpfchen Spüli. Nix vorspülen, nix verschwenden.

Es ist nicht besonders nachhaltig, um nicht zu sagen: recht verschwenderisch, unter fließendem Wasser zu spülen. Damit ihr nicht testen müsst, was es für einen Unterschied macht, haben wir es für euch gemacht. Wenn wir das **Wasser stauen**, brauchen wir etwa dreimal weniger Wasser, als wenn es fließt. Drei Mal weniger. Also Wasser *und* Kosten, ne.

Nehmt zum Spülen am besten **warmes Wasser**. Es löst Fett und Schmutz wesentlich schneller. Füllt das Spülbecken bis etwa zur Hälfte, und gebt eine angemessene Menge Spülmittel dazu. Schon kann's losgehen. Womit fangen wir an? Am besten mit dem, was am wenigsten verunreinigt ist. Sonst können wir das Wasser nach der ersten Pfanne wechseln. Und je seltener wir es wechseln, desto besser. Aber das ist ausdrücklich kein Wettbewerb. Geht am besten in dieser **Reihenfolge** vor: Gläser zuerst, dann Besteck und dann nach Verschmutzungsgrad. Zum klaren **Nachspülen** solltet ihr die Sachen aber nicht unter den Hahn halten. Eine Schüssel mit kaltem Wasser tut's auch, spart Wasser und macht das Spülwasser im Becken nicht kälter.

Das **Wasser** wird dann **bei Bedarf gewechselt**. Als Anhaltspunkt: Wenn der Schaum auf der Oberfläche weg ist, ist das ein Zeichen, dass die Spülkraft nachgelassen hat. Ihr werdet aber auch merken, ob noch Fett in der gespülten Pfanne ist, wenn sie euch aus der Hand glitscht. Und am besten lasst ihr so viel wie möglich des gespülten Materials an der Luft trocknen. Der Grund: Ihr habt weniger Arbeit und müsst die Handtücher nicht so viel benutzen. In denen und im Schwamm sammeln sich nämlich mit der Zeit Keime. Am besten nach einer Woche bei 60 Grad mit in die Wäsche damit. Bitte bedenkt, dass eine Spülmaschine bei richtiger Nutzung effizienter ist als das Spülen von Hand.

Und zum Schluss noch ein Profitipp: Wer will, dass die Teller schon wie geleckt in der Küche ankommen, führt zu Hause eine italienische Tradition ein: *fare la scarpetta* (etwa: Ich schwöre, auf diesem Teller bleibt kein einziger Tropfen köstliche Soße übrig). Geht ganz einfach. Reicht nach dem Essen Brot, um damit noch einmal über den Teller zu gehen und die Reste einzusammeln. Ihr werdet staunen, wie sauber Teller nach dem Essen aussehen können. Und ruck, zuck gespült sind sie dann auch. Passt nur auf, dass ihr sie nicht vorher wieder in den Schrank stellt.

029 Spül, Maschine!

Wir vermuten mal, dass alle von euch, die eine Spülmaschine haben, diesen Umstand als Segen betrachten. Sie spart Zeit und Nerven und wird entsprechend oft benutzt. Hier soll es darum gehen, wie das möglichst nachhaltig vor sich geht. Damit es noch lange heißt: „Spül, Maschine!"

Ob die Maschine besser ist, als von Hand zu spülen, hängt neben eurem Spülverhalten auch von eurem Modell ab. Und wie ihr es nutzt. Eine Studie der Uni Bonn kam zumindest zu dem Ergebnis, dass die Maschine mit durchschnittlich 50 Prozent weniger Wasser und 28 Prozent weniger Strom auskommt. Wie gesagt: Durchschnitt. Menschen, die mal mit Statistik in Berührung gekommen sind, wissen: Da kann es immense Ausreißer nach oben und unten geben. Und störende Variablen. Und ach Gott, ach Gott. Es kommt also sehr auf das eigene Verhalten an. Hm. Da waren wir ja gerade schon mal. Also, wie geht das mit der nachhaltigen Spülmaschinennutzung?

Erste Regel: **Essensreste** kommen **nicht in die Maschine**. Keine. Und niemals. Sie schädigen langfristig das Innenleben, und außerdem ist es widerlich, dieses verdammte Sieb zu reinigen. Also bitte alles vorher in den Mülleimer. Vorspülen braucht ihr die Teller aber nicht extra. Das wäre nicht so umweltfreundlich, denn das Wasser können wir uns einfach sparen. Abkratzen reicht.

Punkt zwei: Statt Sachen mehrfach durch die Maschine zu jagen (Platz ist Geld), lieber einmal vorher ordentlich **einweichen**!

Besonders wichtig: Die Maschine spielt *nur* vor ausverkauftem Haus! Macht sie **immer randvoll**. Schon gut, schon gut, sauberes Geschirr muss nicht extra mit rein. Einfach warten, bis sie von allein voll ist. Je mehr drin ist, desto weniger Wasser wird pro Teller oder pro Teil verbraucht. Achtet aber darauf, dass die Dreharme nicht blockiert werden, sonst erreichen die nicht alles (und Platz ist verdammt noch mal Geld).

Verwendet, so oft es geht, das **Eco-Programm**. Wir haben in Nummer 018 separat erklärt, warum. Bis gleich.

Am besten benutzt ihr **Pulver** statt Tabs. Das könnt ihr je nach Verschmutzung dosieren, das belastet das Wasser nicht so sehr. Es spart Verpackungsmüll, weil es nicht einzeln abgepackt ist. Und es hat keine Hülle, die sich zwar auflöst, aber Mikroplastik hinterlassen kann.

Lasst die Spülmaschine nicht im Stand-by-Modus, sondern **schaltet sie nach der Nutzung aus**, um Energie zu sparen.

Damit die Maschine möglichst lange einwandfrei funktioniert, solltet ihr sie **regelmäßig reinigen**. Kontrolliert deshalb regelmäßig eure Filter und Siebe, und macht sie sauber. Wenn die Maschine das nicht schon von selbst macht. Sorgt auch dafür, dass das Salz immer aufgefüllt ist. Das ist insofern wichtig, weil es das Wasser enthärtet. Verkalkte Teller sind immer noch schmutzige Teller, die Maschine läuft bei nicht enthärtetem Wasser also gleich nochmal. Und zu guter Letzt solltet ihr die Maschine einmal im Monat leer mit einem Reiniger bei 60 Grad laufen lassen.

030 Backofen richtig benutzen mit der thermischen Ofenaxiomatik (es wird wieder physical)

1. In vielen Rezepten und Anleitungen steht, dass man den **Backofen vorheizen** soll. Das ist **fast immer unnötig** und nur dann sinnvoll, wenn ihr eine ambitionierte Teigkonstruktion oder Filets reinschieben wollt. Was ihr ja meistens nicht tut. Daher: Backofen nicht vorheizen, einfach rein mit dem Material, Ofen an, ein paar Minuten mehr einplanen, gut ist. Ihr spart euch ein Fünftel der Energie. Wenn ihr jetzt denkt, ein Fünftel, das ist nicht viel, dann stellt euch mal vor, von der Tiefkühlpizza fehlt ein Fünftel. Macht doch einiges aus. Eben.

2. Heiß-/Umluft > Ober-/Unterhitze
Zweiter Hauptsatz der thermischen Ofenaxiomatik nach A. Klosmitsos

Hach, Physiker … Ihr könntet die Coolsten auf dem Pausenhof sein, aber manchmal versteht man euch einfach nicht. Daher noch mal einfach: **Heiß- und Umluft sind besser als Ober- und Unterhitze.** Wenn ihr wählen könnt, nehmt also die. Warum? Zwei Gründe: Erstens könnt ihr die Temperatur niedriger einstellen als bei Ober- und Unterhitze (meistens sind das so etwa 20 Grad bzw. umgerechnet 20 Kelvin). Das spart je nach Modell zwischen 30 und 40 Prozent Energie (ein verdammtes Drittel der Pizza!). Zweitens wird die Wärmesuppe durch die Umluft kräftig umgerührt, sodass alles gleich warm ist und wird. Pizza auf mehreren Blechen, Baby!

3. Öffnet die **Backofentür** nur, wenn es nötig ist. Denn bei jedem Öffnen verpuffen 20 Prozent der Energie in der Küche statt im Essen. Ihr wisst ja jetzt, wie viel das ausmacht. Eine DIN-Norm zur sachgerechten und energetisch einwandfreien Betätigung der Backofentür ist uns nicht bekannt, wir haben ehrlicherweise aber auch nicht nachgeschaut. Wenn es eine gäbe, dann hätte sie aber ungefähr den gleichen Inhalt wie die Regularien zur gesellschaftlich anerkannten Nutzung einer Toilette, die nicht die eigene ist: Man kommt rein, schließt die Tür und öffnet sie erst wieder, wenn man fertig ist. Und nur in dringenden Notfällen macht man sie zwischendrin auf.

4. Nutzt die **Restwärme im Ofen**. Schaltet dafür den Ofen wenige bis einige Minuten früher aus. Die Hitze im Kasten reicht auf den letzten Metern locker aus. Wie viele Minuten es genau sind, das hängt von Garzeit und Modell ab. Viel Spaß beim Experimentieren und ein dreifach kräftiges Hipphipphurra auf den Forschergeist! Wir können euch daher leider auch keine Prozentangabe mit Ersparnissen machen oder Hauptsätze anwenden. *Mehr* verbrauchen wird man dadurch sicher trotzdem nicht.

5. Aufbackbrötchen besser mit einem Aufsatz auftoasten! Atemberaubende 70 Prozent Energieersparnis, gleiches Ergebnis!

6. Ihr solltet euren **Backofen regelmäßig putzen**. Verschmutzung ist gleich schlechtere Wämeleitung ist gleich höherer Energiebedarf (14. HS d. th. OfAx). Aber bitte von Hand reinigen! Einfach ein bisschen warmes Wasser, ein wenig Zitrone oder ein Quäntchen Natron, auswischen, ordentlich abwischen, fertig. Ohne Chemie. Mit Handwerkerspirit. Sollte euer Ofen euch übrigens gelegentlich im Schach besiegen, hat er höchstwahrscheinlich auch eine Selbstreinigungsfunktion. Denkt daher auch an den 37. HS der OfAx. Es ist der vielleicht wichtigste von allen:

> Selbstreinigung = unfassbar hoher Energiebedarf = ungeil

031 Mikrowelle — ein Eintrag aus Langundbreits Naturlexikon

Mikrowelle, die: *Systematik*. Die Mikrowelle ist eine Unterart aus der Familie der Erhitzungstechnologie und Erhitzungstechnologieähnlichen. *Verhalten und Vorkommen*. Mikrowellen sind klassische Einzelgänger, bevorzugen ruhige Ecken und sind in vielen Teilen der Welt weit verbreitet. Die Mikrowelle ist, wie z. B. Fuchs, Ratte oder Waschbär, ein klassischer Kulturfolger. *Nahrung*. Die Mikrowelle ist ein ausdauernder Lauerjäger, der geduldig abwartet, bis Beute sich nähert. Unvermittelt reißt sie ihren großen Schlund auf und schnappt zu. Dabei bevorzugt sie vor allem **kleine Portionen**. Ihr Stoffwechsel, der als Abfallprodukt warme Speisen erzeugt, ist dann **besonders effizient**. Ermöglicht wird dies durch einen evolutionären Kniff: Mikrowellen erhitzen nur ihre Nahrung, nicht wie andere Artgenossen die Atmosphäre um sie herum. Zwar ist die Mikrowelle von Natur aus Allesfresser, kann jedoch ohne

Probleme die Essgewohnheiten eines Wirtstieres annehmen. Sie besetzt schematisch eine ökologische Nische zwischen weiteren Mitgliedern der Erhitzungsfamilie wie Herd oder Ofen. Diese sind bulliger in ihrer Statur und können große Mengen Nahrung gut aufnehmen, arbeiten aber bei kleinen Portionen überhaupt nicht effizient und würden schnell kollabieren. Umgekehrt haben Mikrowellen Probleme mit großen Portionen. *Paarung und Fortpflanzung.* Eine Mikrowellenpaarung wurde noch nicht beobachtet. Es ist allerdings davon auszugehen, dass die Weibchen die Männchen recht bald nach Balztanz und Akt verschlingen, einfach da männliche Mikrowellen noch nicht gesichtet wurden. Am Ende ihres Lebens suchen Mikrowellenweibchen einen Recycling- oder Wertstoffhof auf. Sie bilden so die Grundlage für eine neue Generation von Mikrowellen. *Besonderheiten.* Mikrowellen sind lebend gebärend und säugen ihre Jungen, welche nach etwa drei Monaten flügge werden.

Natürliche Erzfeinde: Alufolie, zu große Portionen, zu häufige Benutzung.

032 Wasser kochen nach Omas Geheimrezept (gelingt garantiert!)

Unsere Oma kommt aus Schwaben. Schwaben sind zwar nicht so gut im Bahnhöfeplanen, aber sie sind richtig gut im Sparen. Erzählt man sich zumindest. Und das ist in diesem Abschnitt besonders wichtig, genauer: Energie sparen. Denn ob für Nudeln, Kartoffeln, Reis, Tee, Kaffee, Suppe und weiß der Kuckuck was noch, fast jeden Tag brauchen wir kochendes Wasser. Wenn man das so oft macht, ist es nicht nur wichtig, dass das Wasser am Ende auch schmeckt, sondern ebenso, dass man dabei Energie spart. Zum Glück gibt's Oma und ihr Geheimrezept. In diesem Sinne: Man nehme:

1. die passende Herdplatte

Ein kleiner Topf auf einer großen Platte verschwendet Energie, weil die Platte neben dem Topf auch die Luft mit heizt. Ein großer Topf auf einer kleinen Platte braucht ewig, um heiß zu werden. Der Topfboden sollte also genau so groß sein wie die Herdplatte, um das Beste aus ihr rauszuholen. Oma hatte dafür auch einen einfachen Trick. Sie schaute auf den Topf und dann auf die zu Verfügung stehenden Herdplatten. (Sollte das nicht funktionieren könnt ihr gerne auch ein Maßband benutzen oder nachrechnen. Die Formel für den Durchmesser lautet Umfang, geteilt durch Pi, viel Spaß.)

2. einen passenden Deckel

Wenn Wasser heiß wird, steigt Dampf auf. Wasserdampf hat sehr viel Energie. Ihr entscheidet selbst, ob ihr die lieber an die Küchenfliesen abgeben wollt, die ohne Deckel beschlagen, oder ob ihr sie mit Deckel im Topf einsperrt. Ein passender Deckel sollte also parat sein, denn der hilft mit, die Hitze im Topf zu halten. Er spart euch allein schon etwa 30 Prozent Energie. Ihr müsst ihn nur benutzen.

3. die richtige Menge Wasser

Benutzt nur die Menge Wasser, die ihr braucht. Die basiert natürlich häufig auf Erfahrung, und nicht alle können so erfahren sein wie Oma. Doch auch dafür hatte die gewiefte Dame einen Trick: Wer sich zum Beispiel eine Tasse Tee kochen will, kann das Wasser mit genau dieser Tasse vorher abmessen. Zu viel Wasser aufzukochen, nur um es danach wieder abkühlen zu lassen, ist so sinnvoll wie ein Flug von Nürnberg nach Fürth.

4. Wasser im Wasserkocher vorkochen?

Mit der Zeit hat auch die Technologie Einzug in Omas Küche gehalten. Anfangs noch etwas skeptisch, fand sie doch schnell Gefallen am Wasserkocher, denn der war echt effizient. Er brachte Wasser wesentlich schneller zum Kochen und hat sogar noch Energie gespart dabei. Durch jahrelanges Ausprobieren hat die Oma aber rausgefunden, dass er nur dann sparsamer ist, wenn man maximal eine Füllung benutzt und sie dann auf dem Herd heiß hält. Für größere Mengen ist es sinnvoller, gleich den Herd zu verwenden. Und den Kocher für mehr Effizienz regelmäßig zu entkalken.

Da Omas Küche nicht auf dem modernsten Stand der Technik ist, kann auch je nach Herdplatte der Wasserkocher weggelassen werden, da diese schon effizienter ist. Als Faustregel gilt: Wenn euer Herd reden kann, dann fragt ihn doch einfach.

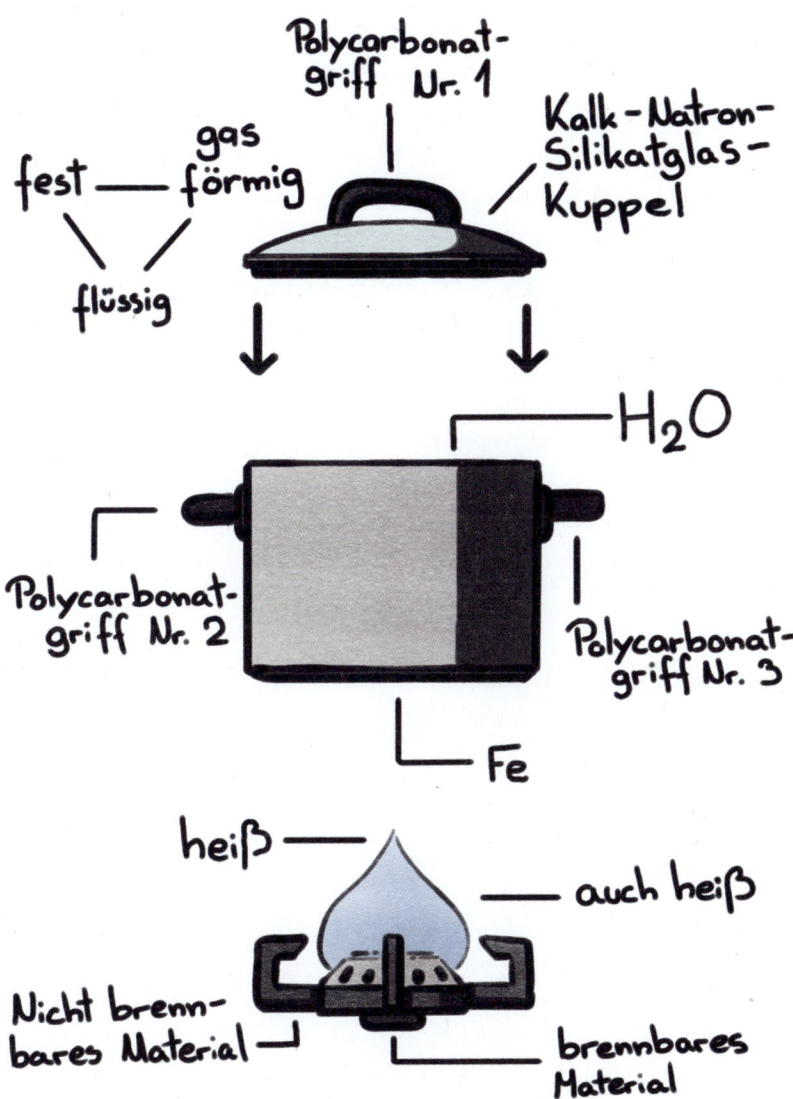

gas
fest —— förmig

flüssig

Polycarbonat-
griff Nr. 1

Kalk-Natron-
Silikatglas-
Kuppel

H_2O

Polycarbonat-
griff Nr. 2

Polycarbonat-
griff Nr. 3

Fe

heiß —

— auch heiß

Nicht brenn-
bares Material —

brennbares
Material

033 Wasser aus der Flasche oder aus dem Hahn? Eine Verköstigung

Hach, Wasser, Elixier des Lebens! Du schmeckst super! Aber leider ist Geschmack subjektiv, und wir müssen jetzt hier was Objektives sagen. Gut. Okay. Mathe.

Folgende Aufgabenstellung: Ist es besser, Wasser aus der Flasche oder aus dem Hahn zu trinken? Berechnen und begründen Sie Ihre Lösung.

In Deutschland bekommt ihr Wasser für 19 bis 50 Cent im Supermarkt. Ihr könnt aber auch fünf Euro für so einen stylischen Zylinder zahlen, wie ihr wollt. Wir gehen jetzt aber mal von dem aus, was sich alle leisten können. Oder könnten. Denn Leitungswasser kostet in diesem schönen Land nur 0,2 Cent pro Liter.

Neben massig gespartem Geld gibt es aber noch einen zweiten positiven Effekt: keine Flasche. Und Flaschenexpert:innen wissen, das bedeutet auch: keine Herstellung, kein Transport, kein Rücktransport, kein Waschen oder Einschmelzen, kein gar nichts. Wegen der Flaschenproduktion ist die Klimabelastung von Wasser aus dem Supermarkt etwa *600-mal* so hoch wie die von Leitungswasser.

Ihr vertraut Wasser nicht? Wir eigentlich auch nicht, manche Fische tun unaussprechliche Dinge darin. Aber Wasser ist das am besten kontrollierte und überwachte Lebensmittel überhaupt. Ihr könnt es von der Elbe bis zur Isar und vom Rhein bis an die Spree bedenkenlos runtergluckern. Falls ihr nicht überzeugt seid, könnt ihr euch Filter für Leitungswasser einbauen.

Ihr wollt aber unbedingt Sprudel? Auch kein Problem, es gibt ein paar Hersteller, die Geräte zum Aufsprudeln für zu hause verkaufen. Mit frei wählbarer Blubberintensität! Das Gerät ist eine einmalige Anschaffung und geht bei 50 Euro los. Dann müsst ihr regelmäßig CO_2-Kartuschen nachkaufen, die auch wieder einige Euro kosten, aber eine Weile halten. Ihr müsst auf kaum etwas verzichten, und unnötige Flaschen spart ihr trotzdem. Und Geld.

Zurück zur Aufgabe, schließlich hatten wir Mathe versprochen: Eine erwachsene Person sollte 2 bis 2,5 Liter Flüssigkeit pro Tag zu sich nehmen. 1,5 Liter davon sind idealerweise tatsächlich Getränke. Wir nehmen mal an, das alles wäre Wasser. Wahrscheinlich lebt ihr nicht ganz so asketisch und enthaltsam, aber es ist ja auch nur eine Rechenaufgabe.

Bei 1,5 Litern am Tag macht das im Jahr 547,5 Liter. Wenn wir diese Menge als Leitungswasser zu uns nehmen, nehmen wir alles mal 0,2, macht 109,5 Cent oder 1 Euro und zehn Cent. Großzügig gerundet. Für ein Jahr, Leute!

Das Gleiche berechnen wir für dieselbe Menge Wasser aus dem Supermarkt. Im Mittel kostet dort der Liter 35 Cent. Wir rechnen 547,5 x 0,35 = 191,625 Euro. Das ist das 174-Fache vom Leitungswasserpreis.

Und ab hier können dann alle selbst entscheiden, was cleverer ist.

034 Das ABC der Obst- und Gemüselagerung

Es ist immer ärgerlich, wenn Lebensmittel verkommen. Und so sinnlos! Mit einer artgerechten Lagerung von Obst und Gemüse zögern wir das maximal hinaus. So bleiben sie länger verwertbar, und wir werfen nicht so viel weg. Alles, was wir dafür tun müssen, ist, die Sachen von Anfang an dort hinzulegen, wo sie sich am wohlsten fühlen. Das war's eigentlich auch schon. Entspannt, oder? Seid ihr bereit für unser ABC der Obst- und Gemüselagerung?

Sehr gut! Zwei Sachen noch vorneweg:

1. Es sollte immer etwas Luft an eure Lagerstätte kommen.

2. Alles, was noch nachreifen muss, darf auch Sonnenlicht sehen.

A Jeder **Apfel** braucht einen dunklen, kühlen Ort, damit er lange frisch und knackig bleibt. Am besten also in Keller, Vorratsraum oder Garage (zur Not auch im Kühlschrank) lagern. Auf jeden Fall aber getrennt von anderem Obst und Gemüse. Äpfel versprühen das Gas Ethylen, das den Reifeprozess anregt.

B Exotische Früchte wie die **Banane** mögen es nicht in der Kälte. Reife Bananen nicht in die Sonne legen, unreife gerne – dort reifen sie nämlich nach.

C **Champignons** und andere Pilze halten sich am besten im Kühlschrank. Sie verderben schnell und mögen es kühl. Wichtig: nicht luftdicht verschließen! Die haben noch was vor.

D **Dosenfrüchte** sollten bis zu ihrem Verzehr an einem Dosenlagerungsplatz eures Vertrauens aufbewahrt werden.

E **Erdbeeren** und die gesamte Beerengang mögen es kühl und schattig. Also am besten direkt nach Kauf oder Pflück in den Kühlschrank damit. Erst kurz vor dem Essen waschen, um den natürlichen Schutz nicht zu zerstören. Beerenkräfte aktiviert!

F Die Lagerung von **Fenchel** ist ziemlich simpel: Legt ihn in den Kühlschrank. (Falls bei „F" jemand auf „Fallobst" gehofft hat – daraus kann man beispielsweise Schnaps brennen, fragt mal jemanden der/die sich auskennt)

G Die **Gurke** braucht es kühl, aber nicht so kühl wie im Kühlschrank. Dort ist es zu kalt, wodurch die Struktur der Gurke zerstört werden kann. Am besten wählt ein etwas dunkleres, kühles Plätzchen in eurem Domizil.

H **Haselnüsse** brauchen einen kühlen, dunklen Ort mit guter Belüftung und außerdem eine geringe Luftfeuchtigkeit. Der Kühlschrank ist deshalb leider raus.

I   Eine kleine Sonderbehandlung bekommt **Ingwer**: Wickelt ihn in ein Küchentuch oder Stofftuch ein, oder in eine kleine verschließbare Box, um ihn einigermaßen luftdicht in den Kühlschrank zu stellen. So bleibt er am längsten frisch.

J   Die **Jalapeño** kann für mehrere Monate gelagert werden, dafür braucht sie es dunkel und trocken. Nicht in den Kühlschrank, bei scharfen Schoten heizt der sich unnötig auf.

K   **Kartoffeln** sind am längsten haltbar, wenn ihr sie kühl, trocken, dunkel und gut durchlüftet lagert. Grüne Stellen großzügig wegschneiden (deutet auf Solanin hin, Solanin ist giftig. Gift mögen wir nicht).

L   **Lauch** reift nicht nach und scheut keine Kälte, kann also ohne Probleme in den Kühlschrank. Es ist nur möglich, dass er was von seinem Porreegeschmack an andere abgibt, deshalb, wenn es geht, ein wenig Abstand wahren.

M   **Möhren** oder Karotten sollten lose im Kühlschrank aufbewahrt werden. Wenn ihr sie im Bund geholt habt, macht den vorher weg, so halten sie sich länger.

N   Reife **Nektarinen** in den Kühlschrank und hurtig vernaschen, noch nicht ganz reife in die Obstschale und ab zum Nachsitzen, äh, Nachreifen!

O   **Orangen** und alle anderen von der Zitrusfrüchtebrigade bitte bei mäßiger Temperatur lagern. Licht ist kein Problem.

P   Die **Paprika** ab ins Gemüsefach im Kühlschrank, fertig ist die Schote!

Q   Auch **Quitten** sind ein Fall für den Kühlschrank. Legt sie am besten nebeneinander, nicht stapeln. Weil auch sie Geschmack abgeben können, am besten wieder Sicherheitsabstand wahren. Außer ihr wollt, dass alles nach Quitte schmeckt. Soll's ja auch geben.

R Den zarten **Rosenkohl** wickelt ihr feucht ein, anschließend geht's ab in den Kühlschrank damit.

S **Salat** nach dem Kauf gleich zu verzehren wäre die beste Option. Wenn das nicht geht: Kühlschranktür auf, Salat rein, Kühlschranktür zu.

T Das Lieblingsgemüse der Deutschen, das aus botanischer Sicht ein Obst ist, heißt **Tomate**. Sie ist auch eine kleine Gasanlage, die Ethylen ausstößt. Deshalb: Abstand von anderen Lebensmitteln! Wenn sie reif ist, mag sie dunkle Plätze mit 12 bis 16 Grad. Und weil sie weich und zerbrechlich ist, ist der Untergrund am besten auch weich. So vermeidet ihr unliebsame Druckstellen.

U Euren **Urkohl** lagert ihr am besten im Gemüsefach. Urkohl, hä? Meinen die Weißkohl? Nee, meinen wir nicht. Wir meinen alle Kohls. Köhle. Brokkoli, Weißkohl, Kohlrabi, Blumenkohl, Palmkohl und Wirsing stammen alle vom Urkohl ab. Gezielte Züchtungen haben überhaupt erst so viele Varianten ermöglicht.

V Die **Vogelmiere** sollte noch leicht feucht sein, wenn ihr sie einlagern wollt. Vogelmiere? Kennt ihr nicht? Die kann man in Suppen tun oder in Aufläufe. Und sie wird auch „Mäusegedärme" genannt. Kein Witz. Entfernt kaputte Teile, und packt sie luftdicht in den Kühlschrank.

W So, wer hat aufgepasst? Ihr müsstet ja jetzt wissen, dass der **Wirsing** vom Urkohl abstammt. Und wo er daher am besten gelagert wird.

X Weil wir kein anderes Obst mit X gefunden haben, steht hier die **Xenia-Birne** stellvertretend für alle Birnen. Reife Exemplare gehören in den Kühlschrank, sonst reifen sie einfach weiter. Wenn sie aber noch reifen sollen, dann am besten an einem kühlen dunklen Ort aufbewahren. Auch Birnen verströmen Ethylen, daher, wenn's geht, separieren.

Y Kommen wir zu eurem absoluten Lieblingskraut mit Y, richtig, es geht um **Ysop**. Damit sie wirklich lange gelagert werden kann, hängt ihr die Pflanze zum Trocknen auf oder verteilt ihre Einzelteile auf einem Tuch. Der Raum dafür sollte natürlich auch trocken sein.

Z Die **Zucchini** mag es kühl, aber nicht kühlschrankkühl. Besser an einer etwas kälteren Stelle in der Vorratskammer oder im Keller lagern.

Euer Hausobst oder Lieblingsgemüse war nicht dabei? Keine Sorge, es hält sich trotzdem!

035 Auf ein Tässchen Tee mit Lukas & Lukas

Lukas würde zwar lieber Kaffee trinken, aber der braucht ja auch unfassbar viel Wasser in der Herstellung. Also heute Tee. Wusstest du, sagt der Tee verehrende andere Lukas, dass Tein eigentlich das Gleiche ist wie Koffein? Es wirkt nur anders, und man findet es zum Beispiel in Schwarz- oder Grüntee. Wusste Lukas natürlich irgendwie so halb, aber nachdem er das gehört hat, ist sogar ein bisschen Teestubenstimmung aufgekommen. Vielleicht stellt es sich am Ende als Fehler heraus, denn der Tee-Lukas setzt nun zu einem Vortrag an. „Tee gibt es mittlerweile in fast so vielen Variationen wie Schneeflocken. Wenn wir am Teeregal entlangschlendern (wer macht so was, denkt sich Lukas), finden wir Klassiker wie Grüntee oder Schwarztee, aber auch 'Frisch und munter' und 'Winterzauber'. Manche davon sind aromatisiert, andere nicht. Nun können ja alle ihren Tee trinken, wie sie wollen. In erster Linie sollte er aber biologisch hergestellt sein und ein Fairtrade-Siegel tragen. Ich persönlich trinke meinen Tee am liebsten mit natürlichen Aromen (ich meinen Kaffee eigentlich auch, denkt Lukas). Ich habe also kein Problem damit, wenn meinem Schwarztee Gewürze beigemischt werden, nur eben natürliche. Auf künstliche Aromen oder gesüßte Tees kann ich verzichten. Außerdem trinke ich meinen Tee am liebsten lose, also ohne Teebeutel." – „Nimmst du dann einen Kescher?", fragt der andere Lukas. „Pah", lacht Lukas, „ich nutze ein Tee-Ei oder Teesieb. Aber das Prinzip ist das gleiche. Warum ohne Teebeutel, fragst du?" Und der andere Lukas, der sich nicht erinnern konnte, gefragt zu haben, lauschte trotzdem. „Aus drei Gründen. Erstens finde ich, es schmeckt besser. Auch, wenn ich mir das vermutlich manchmal einbilde. Zweitens kann ich meinen Tee so perfekt dosieren und sogar mischen, wie *ich* ihn gerne trinke. Schließlich geht es um *meine* Auszeit. Drittens sind Teebeutel einfach Müll." Abwartend, ob seine steile These einschlägt, schaut Lukas, der bis dahin dozierend in die Ferne geblickt hat, den anderen Lukas an. Und sie schlägt ein: „Wieso Müll, die machen doch einen super Job, halten das ganze Blattwerk zusammen und so weiter", lautet die Entgegnung. Und Lukas setzt an: „Papperlapapp. Es gibt mittlerweile Teebeutel, die natürlich abbaubar sind, welche, die aus Kunststoff bestehen, manche werden mit einer Klammer verschlossen, andere zugebunden, wieder andere werden verklebt. Es gibt Säckchen mit und ohne Schnur, die klassische Teebeutelform, Dreieck- und Pyramidenform. Alles für das beste Tee-Erlebnis. Sie kommen zu uns in großen Verpackungen und werden dann noch in kleinere umgesetzt. Und den ganzen Müll kann ich mir mit Teesieb oder -Ei einfach sparen. Wenn du so was gut behandelst, hält es quasi ewig. Tee schmeckt einfach besser, wenn man ihn ohne den unnötigen Müll genießt." – „Danke für Tee und Vortrag", erwidert Lukas und steht auf. Er geht sich jetzt einen Sack Tee und so ein Ei kaufen. Und zwar im Unverpackt-Laden.

036 Wunderelixiere im Überblick — Zero-Waste-Kaffee

Mal ehrlich, Leute, wie geil ist die Idee von Kaffee? Ich mein, man hat sich anscheinend gedacht: Wir nehmen jetzt hier diese scheußlich schmeckende Kirsche, trocknen die, nehmen da die Bohnen raus, rösten die erst mal schön, und dann gucken wir mal, vielleicht zermahlen wir sie, und dann sollten wir das auch mit heißem Wasser aufgießen, oder? Klasse. Heraus kam ein Getränk, das ein bisschen bitter schmeckt, wach, wach, wach macht und daher allmorgendlich massenweise tassenweise gebechert wird.

Jeden **Morgen? Da muss man hellhörig we**rden! (Wir nehmen direkt eine aufrechte Erdmännchenposition ein.) We**nn wir das also** schon recht oft machen, dann aber ohne Müll, oder? Wär doch cool!?

Klar, können wir machen, ist auch gar nicht kompliziert. Punkt 1 ist **die richtige Maschine**, die ohne Müll wie Filter oder Kapseln auskommt. Hier eignen sich zum Beispiel Espressokocher oder French Press (beide recht günstig) sowie Vollautomaten bzw. Siebträgermaschinen (teurer).

Punkt 2 für Kaffeegenuss ohne Müll lautet: **Kaffeesatz wiederverwenden**. Denn ist das schwarze Serum fertig gebraut, entsteht ein magisches Abfallprodukt, das zwar kein Leben mehr in Menschen einhauchen kann, aber dennoch wahre Wunder vollbringt. Zunächst muss dieses Pulver jedoch getrocknet werden. Bleibt es feucht, kann sich Myzel darauf ausbreiten, und die magische Wirkung wird pulverisiert. Habt ihr Step 1 von 1 erledigt, kann es losgehen. Womit? Sucht's euch doch einfach aus!

1. Peeling

Mit ein wenig Wasser und viel Kaffeesatz (ca. 1:3) entsteht ein einfaches und effektives Gesichtspeeling. Verreiben, abwaschen, fertig! Ihr könnt auch einen Esslöffel (EL) Öl auf 3 EL Kaffeesatz nehmen, eignet sich sehr gut als Cellulite-Peeling. Peelings, die Kaffeesatz enthalten, am besten nicht öfter als zweimal die Woche benutzen!

2. Cremesalbe gegen Augenringe

Nehmet 5 EL vom Zauberpulver, 3 EL vom Kokosöle, 2 EL vom Olivenöle, erhitzet den Topf bei kleiner Flamme über der Feuerstelle, lasset den Sud sodann 30 Minuten ziehen. Siebet das Pulver ab, es hat seine magische Energie und alles Gute an das Öl abgegeben. Gebet dem Gebräu mit 1 eingerührten EL Kokosöl den finalen Touch. Die Creme/Salbe/Cremesalbe lässt Augenringe auf wahrlich magische Weise verschwinden (nicht *in* die Augen schmieren, sondern drum herum!), wenn ihr des Nachts mal wieder zu lange *poèmes* gelesen oder Deckchen bestickt habt.

3. Ein Verschwindezauber (Bannfluch) gegen Schmutz

Das magische Kaffeesatzpulver verzaubert nicht nur euch. Es kann auch Dreck verschwinden lassen. Auf einem Schwamm verteilt, funktioniert Kaffeesatz genau wie Scheuermilch (was das ist, erklärt euch Mutti) – nur eben ohne Chemie. Sorry, Chemie. Wir haben dich damals abgewählt, und wir würden es wieder tun.

4. Magiestufe: grüne Pracht aus braunem Dreck

Brauner Dreck ist Mist, das weiß jeder. Aber Kaffeesatz erreicht die vierte Magiestufe und kann sogar daraus noch grüne, bunte, nicht übermäßig extremistische Pflanzen zaubern. Muggel und andere Nicht-Eingeweihte bezeichnen diese Charakteristik fälschlicherweise als Dünger – aber sie wissen eben nicht um die magischen Eigenschaften des Pulvers. Das schwarze Krümelgold hält sogar Schnecken fern, egal, ob in der Fläche verstreut oder als Wall aufgeschichtet. Ergibt irgendwie Sinn, Schnecken auf Koffein … komische Vorstellung.

Kaffeesatz ist also „geiles Zeug" bzw. „guter Stoff" (zwinker, zwinker), bei dem sich das Sammeln, Trocknen und ggf. Einfrieren auf jeden Fall lohnt. Guten Start in den Tag, ihr Lieben!

037 Mülltrennen und Müll trennen

Boah, wollen wir wirklich über Mülltrennung reden? Schon alles tausendmal gehört: Papier kommt in die Papiertonne, Verpackungen in den gelben Sack oder die gelbe Tonne, Bioabfälle in die Biotonne und so weiter. Kennen alle. Ja, so weit, so gut. Warum wollen wir hier trotzdem noch mal drüber reden?

Mülltrennung ist wie Deutschlands Ruf auf dem internationalen Parkett: unglamourös, aber effizient. Kein Wunder also, dass wir angeblich auch gut darin sind. Aber noch nicht gut genug. Damit Müll nicht einfach irgendwo schäbig rumliegt, gammelt und giftet, müssen wir etwas aus ihm machen. Ist ja klar, von alleine macht er bestimmt nix. Deshalb ist gutes Recycling so wichtig. Dadurch wird aus einem Haufen Müll ein neuer Rohstoff. Je kostbarer der Ausgangsrohstoff, umso kostbarer auch das Recyclingmaterial. Wir wollen daher in diesem Abschnitt nicht noch einmal durchkauen, welcher Müll wo reingehört. Die Basics kennen ja alle. Und für Spezialfragen ist das Internet zuständig („Wurstwasser entsorgen wie", „Reifen im Garten anzünden ja oder nein", „Kühlschrank im Wald entsorgen pro contra"). Nein, hier soll es vielmehr darum gehen, wie wir gutes Recycling hinbekommen. Durch unser eigenes Verhalten am Mülleimer. Vorneweg: Müll, der gar nicht erst entsteht, ist *immer* besser als Recycling. Je weniger Waste, desto Zero Waste, im Prinzip.

Die Papiertonne

Positiv beim Papier: Es kann aus nachwachsenden Rohstoffen hergestellt werden. Der Nachteil: Es gibt nicht unendlich viele Bäume und die Natur braucht ja auch noch welche. Immerhin: Papier kann fünf- bis sogar siebenmal recycelt werden. Damit das funktioniert, muss Papier beziehungsweise Karton in „reiner Form" in der Tonne landen. Heißt konkret: keine Kassenbons, verschmutztes Material wie Pizzakartons oder benutzte Taschentücher und kein Backpapier. Was aber reindarf: Briefumschläge oder Pastakartons mit Sichtfenster. Wenn ihr die Zeit habt, trennt das Plastik trotzdem raus. Das ganze Zeug wird dann schön eingematscht und zu neuem Papier oder neuer Kartonage geformt.

Die gelbe Tonne/der gelbe Sack

Was hier drin landet, enthält zumeist Kunststoff und wird im Idealfall recycelt. Das ist auch gut so, aber wir sagen „im Idealfall" aus zwei Gründen: Erstens zählt zur Recyclingquote auch Müll, den wir exportieren. Ja, genau, deutscher Müll, der vom Frachter nach Südostasien fällt oder dort verbrannt wird, gilt als recycelt. Gut, okay, können wir wahrscheinlich nur an der Urne ändern, nicht an der Tonne. Daher zweitens, was wir sehr wohl ändern können: Damit Recycling bei Produkten mit Kunststoff funktioniert, müssen diese Kunststoffe möglichst „sortenrein" sein. Dazu muss man wissen, dass es verschiedene Kunststoffe gibt, die unterschiedlich aufgebaut sind und unterschiedliche Eigenschaften haben. Das machen sich die Hersteller zunutze. Ein Käsehersteller, der Plastik sparen möchte, reduziert beispielsweise den Plastikanteil der Verpackung. Weil er aber weiterhin einen stabilen Deckel für sein Produkt benötigt, bleibt dieser gleich. Zwei verschiedene Kunststoffe in der gleichen Verpackung. Weniger Plastik, aber dafür schlechter recycelbar. Und das ist nur ein Beispiel. Wenn ihr durch den Supermarkt lauft und euch Verpackungen anschaut (oder zu Hause, wenn ihr keine Lust auf einen Ausflug habt), achtet mal darauf, wie viele Verpackungen aus mehr als einem Bauteil bestehen. Die sollten aber getrennt in der Tonne landen. Heißt konkret: auseinanderrupfen. Zwar wird Müll bei der Sammelstelle auch nachsortiert – das geht aber nur in einem bestimmten Rahmen. Wir nehmen also mit: Wenn wir es mit der Umwelt ernst meinen, dann müssen wir nicht nur *Mülltrennen*, sondern auch *Müll trennen*. Das wertvolle Alu (Dollarzeichen in den Augen) weg vom Joghurtbecher! Den Käsedeckel weg von der Käsewanne! Runter mit dem Plastikdeckel von Milch- oder Saftkarton! Trennt, was das Zeug hält. Trennt um euer Leben.

In den gelben Sack kommen auch: Flaschen-/ Gläserdeckel, Styropor

Die Biotonne

Eigentlich kommen hier Küchen- und Grünabfälle rein. Und Kaffeesatz, Kaffeepads und Teebeutel. Eigentlich. Denn eigentlich braucht ihr gar keine Tonne mehr dafür. Für alle diese Sachen haben wir nämlich eine bessere Verwendung, als Müll zu sein, gefunden. Nachzulesen im Buch, das ihr in ebendiesem Moment in der Hand haltet. Nur noch ein paar Seiten Geduld!

Der Restmüll

Willkommen in der Danger-Zone. Im Restmüll, der grauen Tonne, landet der größte Anteil unseres Mülls. Zwar wird auch er meist nachsortiert, dennoch wird der Hauptteil dieses Mülls verbrannt. So weit, so schlecht. Wenn wir Müll verbrennen, nutzen wir zwar noch ein bisschen Energie, die Rohstoffe aber sind weg. Aber es kommt noch schlechter: Nur etwa ein Drittel von dem, was im Restmüll landet, gehört da auch tatsächlich rein. Zwei Drittel machen Bioabfälle aus (oh Mann, Leute, das hatten wir doch bei der Biotonne schon, ey!) und Wertstoffe (Das „Wert" in Wertstoffe zeigt dabei möglicherweise an, dass es sich bei besagtem Wert um einen größeren handelt als den Brennwert). Zwei Drittel umsonst verbrannt! Wo wir doch eigentlich am besten gar nix verbrennen sollten. Daher: reduzieren, eifrig reduzieren! Und sortieren, munter sortieren.

> Kommt hier definitiv nicht rein: Elektroschrott, Verpackungen, Altpapier
>
> Kommt hier unbedingt rein: Staubsaugerbeutel, Kippenstummel, Asche

Die Wertstofftonne

Tolle Sache, auch weil die Vorsortierung dadurch sehr gut funktioniert. Aber leider noch zu wenig verbreitet. Schreibt doch mal 'ne nette Mail an die zuständige Person bei Stadt oder Kreis. Grußformel nicht vergessen!

> [hier Grußformel einfügen]
> Gez. Lukas & Lukas

038 Altglas recyceln für Rügen, Helgoland & Langeoog

Wer schon mal im Mittelalter war, weiß: Glas ist wertvoll. Nichts für den einfachen Pöbel, eher was für Kirchenfenster und Adelspaläste. Nun hat sich ja seitdem einiges getan, Wohlstand wurde generiert, Verfahren verbessert – aber manches ist auch gleich geblieben: Glas ist immer noch wertvoll. Warum?

Glas, dieses magische Material, durch das man schauen, aber nicht laufen kann, wird unter hohem Energieaufwand hergestellt (etwa 1.000 bis 1.600 Grad sind notwendig, um es einzuschmelzen). Hinzu kommt, dass es zu einem wesentlichen Teil aus Sand gefertigt wird. Und man glaubt es kaum: Der Sand wird auf der ganzen Welt knapp. Wir verbrauchen schlicht zu viel davon. Zum Bauen, zum Strände-Aufschütten, zum Glas herstellen. Wenn jemand von euch mehr zum Thema Sand, dessen Nutzung und Knappheit wissen möchte, dann empfehlen wir die *ZDF-Magazin-Royale*-Folge vom 09.04.2021 (bezahlt aus unser aller Gebühren und mit vielen weiterführenden Infos). Wenn also Glas aufwendig und erst einmal nicht nachhaltig produziert wird, dann lautet die Konsequenz für uns, die Nutzerinnen und Nutzer: Wir müssen Glas recyceln. Und wir müssen das gut machen. Statt Sand als Ausgangsrohstoff nutzen wir dann Altglas. Das allein spart schon ein Viertel der benötigten Energie.

Wenn uns das gelingt, können wir Glas nahezu beliebig oft wiederverwenden. Wie wichtig es ist, gute Kreisläufe zu etablieren, wissen nicht nur Handballteams. Auch für die Umwelt ist es super, wenn wir uns nicht permanent an ihr bedienen. Was also sollten wir beim Altglas beachten?

1. Einwegaltglas ist, ökologisch gesehen, schädlicher als Einwegprodukte aus Plastik. Das liegt auch am höheren Gewicht und einer dadurch schlechteren Transportbilanz. Masse ist bekanntlich träge.

Glas kann erst dann nachhaltig sein, wenn es lange beziehungsweise mehrfach verwendet wird. Einwegglas ist also böses Glas. Gutes erkennt ihr zum Beispiel daran, dass es ein Pfandsystem dafür gibt (das allein ist aber noch keine Garantie!) und dass ihr irgendwo den Hinweis „Mehrweg" oder den *Blauen Engel* entdeckt. Funktioniert übrigens mit Abstand am besten bei Bierflaschen. Glasflaschen mit einem Pfandsystem werden in der Regel gereinigt und können mehrfach neu befüllt werden.

2. Glas, besonders Einwegglas, fühlt sich am wohlsten ganz nah bei euch. Anders gesagt: Das beste Einwegaltglas ist das, was gar nicht anfällt. Statt Altglas wegzuwerfen, könnt ihr es direkt zu Hause wiederverwenden. Das ist besser, als es nach einmaliger Benutzung sofort wieder einzuschmelzen. Ideen dafür: Behälter für Gegenstände zu Hause, Transportmittel für die Pirsch in den Unverpackt-Laden (Abschnitt 074), Lagerstätte für Speisen wie z. B. vorgekochte Tomatensoße, Bastelmaterial, Verschenkmaterial.

3. Leider ist Glas, politisch gesehen, recht rückwärtsgewandt und oberflächlich (wir sagen nicht: rassistisch): Es bleibt, farblich betrachtet, am liebsten unter sich. Im Fachjargon nennt man das „Sortenreinheit". Braunglas kann nur mit Braunglas, altes Weißglas liebt altes weises Glas. Aber versteht das nicht falsch, denn anders als Menschen können Gläser nicht selbstständig denken. Sie *müssen* sich so verhalten, wenn sie noch lange recycelt werden möchten. Etwas toleranter ist immerhin das Grünglas. Es kommt auch mit etwas blauem und rotem Glas klar und bleibt sich dabei dennoch treu. Knallt, diese Metapher! Daher: Trennt am Container nach Farben, seht dem Glas seine Fehler nach!

4. Glas farblich zu trennen bedeutet, es vor Verunreinigung zu schützen. Einigermaßen leer sollte das Altglas also schon sein. Ausspülen braucht ihr es aber vorher nicht – es wird vor Ort noch einmal industriell gereinigt.

5. Verzweifelt stehst du vor dem Container, die Sauerkrauthülse schon im Anschlag. Panik bricht aus, du bekommst Fracksausen und zerbrichst fast an der alles entscheidenden Frage: Deckel auf oder Deckel ab? – Egal. Aber eher abmachen. Die werden vor Ort zwar meistens aussortiert. Das kann aber von Stadt zu Stadt variieren. Deshalb: Wenn du kannst, wirf sie doch trotzdem vorher schon in den gelben Sack. Oder was es halt bei dir so gibt dafür.

6. Wie wir bereits gelernt haben, hat Glas eine Skepsis gegenüber allem Fremden. Und Glas ist nicht gleich Glas. Wie es in der Natur eben häufiger vorkommt, haben sich einige Vertreter aus der Gattung der *Altglasähnlichen* die optischen Eigenschaften von Altglas zu eigen gemacht, ohne den inneren Aufbau zu teilen. Folgende „Gläser" sollten daher beispielsweise nicht im Container landen: Trinkgläser, Glühbirnen, Leuchtstoffröhren, Spiegel.

Denkt immer daran: Recycling ist Ressourcenschutz ist in diesem Fall Sandschutz bedeutet Küstenschutz heißt wir retten mit unserem Altglas Rügen, Helgoland & Langeoog ist gleich Scherben bringen Glück. Viel Spaß beim Zerdeppern!

039 Zero-Waste-Küche: ein zweites Leben in Brühe & Co.

Lebensmittel sind wertvoll, und deswegen sollten wir sie nicht wegwerfen. Auch keine Reste. Denn auch die haben eine zweite Chance verdient. Aus Gemüseresten kann man wunderbar eine Gemüsebrühe selber machen. **Sammelt** dazu einfach eure Gemüsereste in einer großen Box im Gefrierfach, bis ihr genug zusammen habt. Je größer die Menge, umso mehr und gehaltvollere Brühe gibt's am Ende.

Aber welches Gemüse kann man verwenden? Wir wissen natürlich auch nicht, was für Gemüse ihr zu Hause habt. Und es soll ja im besten Fall nichts dazugekauft werden. Die Gemüsebrühe könnt ihr eurem persönlichen Geschmack anpassen, denn man kann tendenziell *alle* Reste verwenden. Also auch das, was bei Schälen & Schnippeln übrig bleibt. Probiert euch einfach aus.

Habt ihr euch also für eure Reste entschieden, geht es ans **Kochen**. Schmeißt alles in einen Topf, der groß genug ist, danach bedeckt ihr das Restefest mit Wasser und würzt ein wenig (Salz, Pfeffi, Rest nach Geschmack). Lasst das Ganze aufkochen und für ein bis zwei Stunden köcheln. Holt das Gemüse mit einem Sieb aus der Brühe. Das könnt ihr jetzt guten Gewissens wegwerfen (weder der Papst noch ein Twitter-Mob könnten euch jetzt noch was vorwerfen). Danach noch mal nachwürzen und für weitere 20 Minuten köcheln lassen. Zwischendurch probieren ist natürlich nicht verboten.

Wenn ihr zufrieden seid mit eurem Werk: **Benutzt die Brühe direkt**, oder **gießt sie in Gläser** (nicht zu voll machen!) und friert sie ein. Profitipp: Wer die Brühe kleiner dosiert, kann später genau entscheiden, wie viel aufgetaut werden soll.

Das funktioniert natürlich auch mit **Fisch und Fleisch**. Nehmt dazu Verschnitt und Knochen bzw. Gräten und schmeißt sie mit Gemüseresten in den Topf. Auch hier könnt ihr das Gemüse so mixen und würzen, wie es euch schmeckt. Und: die Knochen zerbrechen, damit das Mark leichter auskocht. Das Ganze auch wieder ein bis zwei Stunden köcheln lassen, Reste aussieben, nachwürzen, nachkochen, einfrieren – ihr kennt das Spiel.

Bei wem der innere Chefkoch geweckt wurde oder für den Gemüsebrühe zu langweilig ist, für den gibt es noch viel mehr, was aus vermeidlichen Gemüseabfällen gemacht werden kann. Aus dem Grün von **Radieschen** oder **Karotten** kann ein leckeres **selbst gemachtes Pesto** werden. **Kohlrabiblätter** können ähnlich wie Spinat verwendet werden.

Am Rande noch ein kleiner Tipp für alle, die viel **Calcium** benötigen: Zermahlt **Eierschalen** und verwendet das Pulver dann beim Kochen. Wascht sie aber vorher ab, kocht sie zehn Minuten aus wegen der Bakterien. Danach trocknet sie – zum Beispiel in der Sonne oder im Ofen.

Wie ihr seht, kann sehr vieles, das wir wegschmeißen würden, weiterverwertet werden. Es enthält sogar noch viele **Vitamine** und **Nährstoffe**, schmeckt meistens besser, und ihr spart euch auch noch Geld. Wenn ihr also das nächste Mal etwas wegschmeißen wollt, dann behaltet im Hinterkopf, dass es eventuell anders verwertet werden kann. Alles, was ihr braucht, ist ein wenig Platz im Gefrierfach und genauso wenig Zeit.

040 Resterezepte gegen Hunger und Müll

Nein, nein und nochmals nein! Müssen wir hier schon wieder über weggeworfenes Essen sprechen! Das akzeptieren wir nicht mehr. Nein! Wir rezeptieren dagegen an! Wetzt die Messer, legt die Schürze um, und fahrt verdammt noch mal das gute Geschirr auf! Heute wird fein geschmaust!

Kocht ihr nur für euch selbst, bietet sich das allseits bekannte Gericht **Reis mit Schei...benkleister** an. Aber ganz ehrlich – das geht auch für mehrere. Dafür kocht ihr euren Reis. Und in der Zwischenzeit nehmt ihr all den Scheibenkleister, der wegmuss, und nähert ihn lokal schon mal einer Pfanne an. Gemüse, das bald schlecht wird, angefangene Dosen und was sonst noch so alles im Kühlschrank rumfliegt.* Das alles wird dann mit dem Reis angebraten. Ein bisschen Salz und Pfeffer, ein wenig Gewürze nach Geschmack, Sahne oder Ähnliches, und schon ist die heiße Reisspeise fertig!

Ausgezeichnet. Wieder einmal weniger Essen bestellt/kaufen gegangen. Und Müll vermieden.

Je nachdem, was ihr noch übrig habt, geht natürlich noch mehr. Wenn ihr das nächste Mal Besuch habt, verköstigt den doch mit **ofenfrischen Pizzabrötchen**. Nach einem jedes Mal etwas anderen Rezept. Sie sind super einfach zuzubereiten: Schüttet Crème fraîche oder Schmand in eine Schüssel, und dann knöpft ihr euch den Kühlschrank vor. Offener Mais, Oliven, Reibekäse, Fleisch divers – sucht euch was aus, es gibt keine Denkverbote. Außer Ananas. Kommt schon, Leute. Das alles nehmt ihr, schaut es einzeln an und sagt zu ihm: „Ob ich *dich* noch rechtzeitig gegessen hätte, weiß ich nicht. Jetzt bin ich einfach froh, dass du da bist. Herzlich willkommen im Team!" Und dann verrührt ihr es mit Schmand. Am Ende noch Gewürze dazu, wie es euch passt. Sagt man

---

* Wir haben euch im Auge, Kids. Nach der Kühlschrank-Lektion sollte da gar nichts mehr rumfliegen. Da sollte alles seinen geordneten Gang gehen.

eigentlich Orégano oder Oregáno? Könnt ihr ja mal diskutieren, während ihr die Aufbackbrötchen aufschneidet. Als Nächstes wird die Masse auf den Brötchen verteilt und der Käse a) vorsichtig darüber gestreut oder b) -geschüttet. Wer mag, kann auch schon Käse unter die Masse heben. Die Brötchen packt ihr dann bei 180 Grad Umluft in den garantiert nicht vorgeheizten Ofen. Sie backen so lange, bis sie eine schöne Farbe bekommen. Hm? Ja, guter Einwand, alle Farben sind schön. In diesem speziellen Fall reden wir von einem Spektrum zwischen Post-Gelb und Noch-nicht-schwarz.

So, alles fertig, alle glücklich! Je nachdem, was ihr zu Hause habt, könnt ihr auch verschiedene Pizzamassen zubereiten. Es muss ja nicht alles in eine Schüssel. Tobt euch also aus!

Das mit dem Austoben ist sowieso ein gutes Stichwort. Wir hatten ja jetzt hier nur zwei Resterezepte. Aber pssst, kommt mal näher ran, nicht so auffälliiig! Also, es ist so: Es gibt noch mehr. Ihr werdet sie entdecken. Die Suche ist Teil des Prozesses. Und vielleicht kreiert ihr ja auch euer ganz eigenes Lieblingsresterezept. Sagt gerne Bescheid, Reste stehen bei uns nämlich immer irgendwo rum.

041 Da geht nichts verschütt — Zero-Waste-Nudelwasser & Co.

Nudeln, Kartoffeln, Klöße oder Reis stehen sicherlich bei uns allen des Öfteren auf dem Speiseplan. Dazu wird immer auch Wasser benötigt, um die köstlichen Sattmacher zu kochen. Wasser, das man doch sicher noch besser nutzen kann, als es wegzuschütten, oder?

Genau, ihr habt richtig gehört. Nudelwasser & Co. werden ab jetzt keine Abflussrohre mehr von innen sehen. Denn man kann sie vielseitig verwenden. Der Inhalt hat beim Kochen Stärke an das Wasser abgegeben, was es nun zu einem wertvollen Gut macht. Es funktioniert fortan als **natürliches Bindemittel**. Gebt es zu einer Nudelsoße (wie praktisch, es gibt ja gerade Nudeln!), zu Pesto oder Dips, um sie ein wenig cremiger zu machen. Und sie haften später besser an euren erlesenen Speisen. Funktioniert auch, um Suppe zu verfeinern und anzudicken oder um Hülsenfrüchte einzuweichen.

Für alle, die Nudeln kochen, weil sie eben nicht kochen wollen (oder können), denen unsere *Grande-Cucina*-Tipps also nichts bringen: Gar kein Problem, Stärkewasser kann auch noch mehr. Zum Beispiel könnt ihr schmutziges Geschirr darin einweichen. Es wirkt sehr gut als **natürliches Spülmittel**. Zehn Minuten einweichen lassen, dann mit Wasser nachspülen. Ist der Dreck hartnäckiger, dann mit Schwamm und eventuell doch ein klein wenig richtigem Spülmittel drübergehen.

Und wenn man es lässt, vollbringt das Stärkewasser auch außerhalb der Küche noch Wunder. Es verleiht euren **Haaren neuen Glanz**. Krass. In die nassen Haare einarbeiten, zehn Minuten einwirken lassen, ausspülen. Und am besten vorher abkühlen lassen. Wir sagen es nur. Zur Sicherheit.

Wir sind immer noch im Spa- und Wellness-Bereich, aber in einer anderen Körperregion. Stärkewasser kann nämlich auch **Fußbad**! Lezzz go! Das Wasser enthält Salze und Mineralien, dadurch werden die geplagten Füße geschmeidiger.

Wenn ihr auf all das verzichten könnt oder immer noch Wasser übrig habt, dann **gießt die Blumen** damit. Die Mineralien helfen den Pflanzen beim Wachsen und Gedeihen. Aber Obacht: Pflanzen mögen es nicht, wenn das Wasser heiß ist. Das Salz solltet ihr bei dieser Variante außerdem weglassen.

Wie ihr hoffentlich gemerkt habt: Wasser mit Stärke ist ein gar wunderliches Elixier, das wir vielseitig verwenden können und nicht einfach wegschütten sollten. Wenn ihr es haltbar machen müsst: Stellt es in den Kühlschrank, und benutzt es dann zeitnah. Wenn ihr es sehr ernst meint: Friert es ein. Aber es gibt ja sowieso bald wieder neues Stärkewasser. *Molto Penne!*

Das Badezimmer

042 Flüssig, fest, flauschig — die Aggregatzustände von Duschgel

Beim Duschen könnt ihr nicht nur darauf achten, sparsam mit dem Wasser umzugehen, sondern auch, unnötiges Plastik zu vermeiden. Wie jetzt, Plastik? Ihr habt unter der Dusche noch nie welches gesehen? Dann nehmt mal euer Shampoo oder Duschgel in die Hand. Spürt ihr's? Plastik. Und jetzt dreht es mal um und lest die Zutatenliste. Schon wieder Plastik, ey!

So sieht es aus. Das Zeug, mit dem wir uns einschmieren, um nach Blumen, Früchten, Einhörnern, Winterzauber oder Gefahr zu riechen, kommt meistens in Plastik verpackt zu uns. Das wäre vermeidbar, ist aber eben billig. Kein Hauch von Nachhaltigkeit in der Luft. Wenn die Verpackung aus teilweise recyceltem Material besteht, ist das zwar ein bisschen besser, solange aber immer frisches Plastik dazukommt, bringt das nicht viel. Es gäbe ja Alternativen. Und wenn wir die Zutatenliste mal genauer studieren, bemerken wir, dass Duschgel zum Großteil aus Wasser besteht, das mit Chemie versetzt wurde. Was dann natürlich alles ins Wasser fließt. *Alle* guten und schlechten Stoffe kann unser Körper ja nicht aufnehmen. Besonders ärgerlich ist, dass viele Körperseifen Mikroplastik enthalten, das ebenfalls ins Wasser fließt. Also, nachdem wir uns damit eingerieben haben. Noch viel ärgerlicher ist, dass nicht alle Kläranlagen das auch wieder rausfiltern können. Es gelangt also mit dem „geklärten" Wasser in die Umwelt. Selbst wenn wir die Verpackung ordnungsgemäß entsorgen, wie es unsere heilige bürgerliche Pflicht ist, und sie artgerecht recyceln, gelangt immer noch Plastik ins Wasser, ins Meer, auf Felder. So viel also zum flüssigen Aggregatzustand.

Um das zu vermeiden, könnt ihr auf ein Relikt aus vergangenen Zeiten zurückgreifen. Bei Omi liegt sie immer noch griffbereit am Waschbecken: feste Seife. Die ist nicht nur für die Hände gut. Es gibt auch festes Duschgel, festes Shampoo, feste Spülung, feste Bodylotion, feste Badekugeln, feste Rasierseife. Feste, so weit das Körperreinigungs-Auge reicht. Und ihr liebt doch Feste, oder?

Natürlich lieben wir die! Also, wenn es feste Naturseife oder festes Natur-was-auch-immer ist. In vielen Drogeriemärkten gibt es nämlich viele solche festen Produkte, die aber in Plastik verpackt sind und/oder wieder mit einem Haufen Chemie daherkommen. Yo, Chemie, sieh es ein, wir haben dich abgewählt!

Naturseife hingegen wird oft in recyceltes Papier eingepackt, die Inhaltsstoffe sind überschaubar, es ist kein Mikroplastik drin. Und obwohl fast *alles* fehlt, werden wir trotzdem sauber. Zauberei? Natur! Fester Aggregatzustand, du rockst!

Sprechen wir über Geld. Wenn wir mal reingehen in die Feste-Körper-seife-Ökonomie, dann sieht es da wie folgt aus: Preislich ist der Unterschied nicht groß. Ein Eimerchen Duschgel ist zwar billiger*, dafür hält es aber auch nicht so lange. Und gehen wir mal wirklich in die Mikroperspektive, fällt etwas Interessantes auf. Bitte stellt euch dafür folgende Situation vor und geht kurz in euch, ob euch das auch schon mal passiert ist:

---

* Umwelt? Pah, müssen wir nicht einpreisen! Bitte, bedient euch, nur zu!

[Schwarz-weiße Duschszenerie; schwere Geigenmusik]

Langsam breitet sich das flüssige Duschgel auf deiner geöffneten Handfläche aus. Ist ein bisschen viel geworden, aber egal. Behutsam führst du die Hand in Richtung von Kopf und oberem Rumpf. Gerade willst du wir die wohlige, reinigende Flüssigkeit auf den Körper klatschen, doch kurz bevor Hand und Körper eins werden, ertönt ein ohrenbetäubendes FLATSCH. Noch ganz benommen vom Lärm, schaust du nach unten: Ein riesiger rosaroter Einhorn-Duschgel-Fladen ist gen Boden gesegelt. Traurig vergießt er einzelne Tränen in Richtung Abfluss, bis er schließlich ganz verschwindet. Ein sinnloses Dasein findet sein trauriges Ende.

Kennt ihr, ne? Ist uns allen schon passiert. Geld- und umwelttechnisch sinnlos, verschwenderisch. Die gleiche Situation, nur mit fester Seife: Wasser aus, gemütlich überall einreiben, ein Liedchen pfeifen – kein Schwund, nix geht daneben –, und flauschig ist auf der Haut trotzdem alles. Gute Ökonomie muss eben alle Punkte einbeziehen.

So toll sich das alles anhört, einen kleinen Nachteil gibt es leider trotzdem noch: Der pH-Wert von fester Seife ist bisweilen etwas zu hoch für unsere Haut. Das schädigt den Säureschutzmantel, der uns vor Bakterien und anderen Widerlingen beschützt. Und der kann uns eben nicht mehr so gut bewachen, wenn er angegriffen oder gekränkt ist. Unsere Vorschläge: etwas weniger Seife nehmen und vielleicht nicht bei jedem Duschgang einseifen. Je nachdem, was ihr vorher angestellt habt, reicht ja auch einfach mal Wasser. Gut für euch, gut für die Haushaltskonsolidierung, gut für die Umwelt, die ihre Ressourcen liebt. Gute Dusche euch!

Ey, Lukas! Ich hab grad 'ne komplette Lektion über feste Seife geschrieben — ohne einen einzigen Gefängniswitz!

043 Gute Seife, schlechte Seife — in 30 Sekunden erklärt

Spätestens seit Pandemien wissen wir alle, dass Händewaschen 30 Sekunden dauert. Und was nehmt ihr, um die Vorderfüßchen sauber zu schrubben? Richtig, Seife. Aber welche? Seifen gibt es ja viele, und die Auswahl ist riesig …

Flüssigseife ist praktisch, aber nicht so gut für die Umwelt. Schon dreimal nicht, wenn ihr immer neue Spender kauft. Wenn ihr flüssige Seife nutzt, holt wenigstens Auffüllpacks!

Besser ist jedoch feste Seife, die ist weniger schädlich und spart Plastik. Außerdem hält sie länger. Wenn sie doch einmal zu Ende geht: Klebt die alte an die neue. Achtet auf natürliche Zutaten.

Zu guter Letzt: Macht welche selbst! Es ist einfach & cool. Und es belastet die Umwelt nicht und spart CO_2. Uuuund die 30 Sekunden sind um. Punktlandung!

Es hat nicht geklappt? Versucht es doch einfach noch mal.

044 Gute Zähne, gute Bürsten

Zähneputzen. Wenige lieben es, alle machen es. Jeden Tag. Wir auch gerade. Und wir schauen die Zahnbürste an und denken uns: Die könnte auch mal wieder gewechselt werden. Also, das haben wir letzte Woche auch schon gedacht, aber man kommt ja zu nix. Und sowieso wird uns ja geraten, den Bürstenkopf alle sechs bis acht Wochen (elektrisch) und die Bürste (händisch) spätestens alle drei Monate zu wechseln. Macht dann vier Bürsten im Jahr und, je nachdem, wie lange wir das so machen, ganz schön viele Zahnbürsten. Plastikmüll. Ihbäh. Und es sind ja nicht nur unsere Bürsten, die von allen anderen kommen ja auch noch hinzu.

Dabei ist es eigentlich gar nicht schwer, Bürsten mit weniger Plastik zu bekommen. Und wir sagen bewusst weniger, da die Borsten häufig trotzdem noch Plastik enthalten. Zumindest aber bei Griff und Stiel können wir ja von Plastik weg und auf Bambus oder Holz umsteigen. Die wachsen immerhin nach und verrotten am Ende einfach. Viel unnötiger Müll gespart. Putzen müssen wir leider trotzdem immer noch drei Minuten lang.

Ein gänzlich anderes und gleichzeitig verwandtes Thema sind elektrische Zahnbürsten. Sie bestehen aus Plastik, enthalten einen Akku und sind unter Umständen viel zu lange ans Stromnetz angeschlossen. Da sie einen Akku eingebaut haben, wäre es besser, handbetriebene Bürsten zu verwenden. Aber ob ihr elektrisch oder manuell putzen wollt, müsst ihr entscheiden. Zwar erzielen elektrische ganz gute Reinigungsergebnisse – aber sauber werden die Zähne von Hand auch.

045 Zähne mit Zahncreme eincremen – aber richtig!

Wenn ihr in diesem Jahr erst von Karies und Baktus erfahren habt, dann nehmt euch mal kurz eine Auszeit. Alle anderen sollten ja wissen, was eine Zahncreme ist und wie man sie ordnungsgemäß benutzt. Dann wisst ihr ja auch, dass man Zahnpasta schon öfter mal in der Hand hat. Zwar schrubbt sie die Beißerchen blitz und blank. Aber unsere Liebe gilt nur dem Inhalt, nie der Tube. Sie muss uns immer verlassen und zu Müll werden. Weswegen wir hier über Zahncreme sprechen wollen.

Zahncreme gibt es in allen möglichen Farben und Aromen. Oder heißt das Geschmacksrichtungen? Egal. Natürlich gibt es viele Zahncremes für den täglichen Gebrauch, die ganz okay sind. Aber einige enthalten sogenannte Polyethylenglykole, kurz PEG. Wir sind grundsätzlich immer skeptisch bei Wörtern mit zu vielen Ypsilons. Wir werden hier jetzt bestimmt auch keine Studien runterbeten oder Signifikanzniveaus diskutieren. Wenn man sich ein wenig einliest, erfährt man, dass PEG der Stoff ist, der die Einzelteile zu einer Masse macht. Man liest Wörter wie „krebserregend", „fruchtbarkeits- und erbgutschädigend". Also mutmaßlich, ist klar, ne? Denn PEG schädigen die Membran der Haut, die somit durchlässiger wird für Bakterien, Viren und andere Eindringlinge mit dem Ziel einer feindlichen Übernahme. Dann gibt es da noch Triclosan, das antibakteriell wirkt. Was ja eigentlich erwünscht ist – leider steht der Stoff allerdings in Verdacht, Antibiotikaresistenzen aufzubauen. Wenn ihr schon ein einziges Mal Antibiotika in eurem Leben genommen oder gebraucht habt, dann wisst ihr: Das ist kein Vergnügen, aber helfen tut's super – wenn es noch wirkt. Und natürlich, einige von euch haben es bereits geahnt, ist auch Mikroplastik wieder mit am Start. Und das alles in Zahncreme, ey. Hoffentlich wird Zähneputzen nicht das neue Rauchen. Das wäre echt lahm. Wer sich daher etwas Gutes tun will, steigt um auf biologische beziehungsweise natürliche Zahnpasta. Schaut auch hier mal über die Inhaltsstoffe drüber. Wenn ihr übrigens beim Einkauf herausfinden wollt, ob die Zahncreme in eurer Hand euch ein strahlendes Lächeln zaubert oder dazu führt, dass ihr euch selbst vor Scham nicht mehr im Spiegel ansehen könnt, erfahrt ihr, wenn ihr den Code scannt (Abschnitt 098).

Wer der Umwelt einen Gefallen tun will, verzichtet ganz auf die Tuben. Punkt 1: Die Tuben bestehen zu einem wesentlichen Teil aus Plastik. Wie wir zu Plastik stehen, wisst ihr. Es wird keine Zusammenarbeit mit dem Plastik geben – weder in der Partei noch in den Gremien! Bei den Tuben gibt es nur selten welche, die zu 100 Prozent recycelbar sind. Und verdammt, wir brauchen diese 100 Prozent. Außerdem ist Aluminium drin (auch das noch, hört das denn *nie* auf, ist das nicht buh? Abschnitt 083). Der Mix aus Kunststoff und Alu kann nach dem Wegwerfen nicht vollständig voneinander getrennt werden. Abhilfe könnten da die Zahnputztabletten schaffen. Sie kommen ohne Plastikverpackung aus und bestehen meist nur aus natürlichen Stoffen.

Wie sieht's aus mit selbst gemachter Zahnpasta? Davon wird größtenteils abgeraten, weil diese kein Fluorid enthält. Der Stoff ist zwar in großen Mengen giftig, aber unsere Zähne brauchen ihn zur Kariesvorbeugung, und wir spucken ihn danach wieder aus. Und man soll die Zahncreme ja auch nicht naschen. Tuben und Tabletten gibt es jeweils mit und ohne Fluorid. Wählt weise. Für das Lächeln im Spiegel.

046 Nachhaltige Duftnoten mit Nachhall — gutes Deo

Deo verhindert, dass unsere Körper ihre zum Teil unangenehmen Gerüche einfach so rauspumpen. Aber wenn wir ehrlich sind: Deo ist nichts Besonderes. Die ganze große Duftbühne bespielen andere, wie Parfum, Rasierwasser & Co. Deo ist nicht krass oder ausgefallen, es ist Durchschnitt und alltäglich. Und meistens fällt es nur dadurch auf, dass es fehlt, zum Beispiel wenn man im Sommer die Öffis betritt oder ganzjährig ein Klassenzimmer.

Leider haben wir wenig übrig für die wenig rosige Stellung des Deodorants unter den Duftgiganten. Wir haben wieder nur „alltäglich" gehört und das im Kopf mit „ausgezeichnet, ein großer Hebel" übersetzt.

Deos, die nach außen also eher unauffällig agieren und dezent unter dem Radar bleiben, führen zum Teil ein bemerkenswertes und aufbrausendes Innenleben. Viele von ihnen enthalten einen ganzen Sprühstoß voll Inhaltsstoffe, die wenig gut sind für uns. Am prominentesten: Aluminiumsalze (erhöhen das Krebsrisiko). Sie verengen die Schweißdrüsen, damit nicht mehr so viel hindurchfließt. Damit Deos sich länger halten, kommen bei einigen Parabene hinzu, denen eine hormonverändernde Wirkung nachgesagt wird. Vom Bauplan ähneln sie Östrogen und sind leicht über die Haut aufzunehmen. Und natürlich ist unser Durchschnittsdeo auch in der Sprühdose zu uns gekommen. Um sich herauszubequemen, braucht es Treibgase wie Propan, Isobutan oder Butan. Sie werden aus Erdöl und Erdgas gewonnen, sind also überhaupt nicht klimafreundlich. Und das war nur eine kleine Auswahl (scannt die Codes mit eurer App, Abschnitt 098). Um diese in vielerlei Hinsicht schädlichen Stoffe und vielleicht sogar Müll zu vermeiden, können wir aber zum Glück auf natürliche Deos umsteigen.

Nur vorweg: Die einzig wahre und endgültige Alternative gibt es nicht. Ihr solltet schon ein wenig herumprobieren, was euch passt. Probieren geht über klassisches Deodorieren.

Zum einen gibt es da **feste Deostücke**. Feuchtet sie leicht an, bevor ihr euch damit an den entsprechenden Stellen einreibt. Wenn euch das zu viel Arbeit ist, holt euch vielleicht lieber **Deocremes**. Portionieren, einschmieren, nicht mehr transpirieren.

Wer sich noch unsicher über den persönlichen neuen Deodorier-Stil ist, kann auf einen Klassiker zurückgreifen: **Deostick** bzw. **Deoroller**. Deckel ab, ausfahren, einreiben und in begründeten Fällen mit der Hand nachreiben. Wir wünschen viel Spaß beim Ausprobieren. Riecht ihr das? Irgendwas liegt da in der Luft!

Addendum
Bei Geruchs-Notsituationen (Deo vergessen/Deo machtlos) helfen nur die Elemente Wasser (duschen, in den See hüpfen) oder Lagerfeuer (dann riecht sowieso alles nach Rauch).

047 Lukas vs. Lukas: Wasser laufen lassen oder nicht?

Die meisten Menschen duschen jeden Tag, waschen sich die Hände und putzen sich die Zähne. Wir gehen jetzt einfach mal davon aus, dass ihr da dazugehört. Zwei Gruppen stehen sich dabei gegenüber: Die eine dreht den Wasserhahn zu, wenn sie seine Dienste nicht benötigt. Die andere lässt munter weiterlaufen wie übermotivierte Leichtathletiktrainer. Wenn die Umwelt und der Geldbeutel reden könnten, würden sie an die eine Gruppe eine Dankesrede richten, an die andere einen offenen Brief. Und offene Briefe schreibt man bekanntlich nur, wenn man echt wütend ist.

Transparenzoffensive. Der eine Lukas gehört zu der einen Gruppe, der andere zur anderen. Der eine Lukas macht beim Einseifen **unter der Dusche** brav das Wasser aus. Der andere Lukas hält nur einen Fuß unter den Strahl. Für euch und die Wissenschaft haben wir mal mit Messbecher und Stoppuhr nachgeforscht. Nach rund sechs Sekunden ist genau ein Liter im Messbecher gelandet. Das Einseifen dauert etwa 45 Sekunden, wenn man's einigermaßen gründlich macht. Macht 7,5 Liter, die beim einen Lukas in der Leitung bleiben und beim anderen den großen Onkel wässern. Etwa 0,2 Cent kostet der Liter. Aufs Jahr gerechnet, macht das bei 330 Duschen (seien wir ehrlich, *jeden* Tag muss man auch nicht duschen, oder?):

330 x 7,5 = 2.475 Liter
2.475 x 0,2 = 495 Cent = fast ein ganzer Fünfer

Und es geht noch weiter. Beide Luken seifen sich beim **Händewaschen** 30 Sekunden lang gründlich ein. Der eine macht den Hahn dicht, der andere lässt laufen. Zehn Sekunden braucht hier der Liter, um sich aus dem Hahn zu bequemen. Dreimal am Tag machen sie das so, 365 Tage im Jahr. Der andere benötigt also bei jeder einzelnen Waschung drei Liter mehr sauberes Trinkwasser als der eine.

365 x (3 x 3) = 3.285 Liter
3.285 x 0,2 = 657 Cent = mehr als ein ganzer Fünfer

Der andere Lukas braucht also in einem Jahr **5.760 Liter Wasser mehr** als der eine. Und er hat davon gar nichts. Außer höhere Kosten von 11,52 Euro. Der eine Lukas grinst gerade ziemlich breit. Nicht wegen des Geldes, sondern wegen der Umwelt. Der andere schaut aus wie ein begossener Pudel. Ab jetzt macht er das Wasser auch immer aus.

Letzter Punkt: **Zähneputzen**. Und ab hier funktioniert der Rahmen vom einen und anderen Lukas nicht mehr. Denn einfach zwei bis drei Minuten den Hahn offen lassen, während man sich die Kauleisten schrubbt, das macht nicht mal der andere Lukas. Ganz im Ernst, das ist so sinnlos, dass wir da beide nicht mehr ganz mitkommen. Aber manche machen es. Deshalb seufzen wir einmal tief und rechnen vor: zweimal Zähneputzen am Tag, je drei Minuten Wasser laufen lassen, sechs Liter pro Minute, 365 Tage:

$$2 \times 3 \times 6 \times 365 = 13.140 \text{ Liter}$$

Ganz ehrlich, Leute. Putzt eure Zähne doch gleich mit einem argentinischen Angus-Rind, das nur mit Avocados aus Neuseeland gefüttert wurde und zum Schlachten auf den Mond fliegt. Sinnlos? Ja, genau.

048 Fluten von Wasser und Geld sparen: der Durchflussbegrenzer

Hier gibt's mal was wirklich Simples für uns. Das tut gut, das können wir alle gebrauchen. Simple Rechnung, simple Umsetzung. Schon mit ein paar Handgriffen könnt ihr zu Hause auf Wassersparen umsteigen, ohne darüber nachzudenken. Das hilft vor allem all jenen, die den Wasserhahn immer voll aufreißen – aber auch allen anderen. Versprochen.

An all euren Wasserhähnen könnt ihr Durchflussbegrenzer anbringen. Wie der Name uns Sherlocks schon vermuten lässt, begrenzen sie den Wasserdurchfluss. Aber, und das ist das Zauberhafte daran: Das Volumen vom Wasser bleibt das gleiche. Das liegt daran, dass der Begrenzer Wasser mit Luft vermischt. Es fühlt sich auch ein wenig weicher an, aber sonst merkt man keinen Unterschied. Wässrig und sauber wird trotzdem alles. Die Durchflussbegrenzer kosten nur ein paar Euro und werden euch Hunderte davon in der Wasserrechnung sparen.

Seid ihr mit den Wasserhähnen fertig, geht es mit der Dusche weiter. Dort tauscht ihr den Kopf gegen einen Sparduschkopf aus. Die meisten funktionieren genau wie die für Wasserhähne. Und in der Dusche lohnt sich das so richtig!

Zu guter Letzt kommen wir zur Toilette. Wenn ihr keine Stopptaste habt und die Spülung drückt, wird immer der komplette Tank geleert und wieder aufgefüllt. Und wenn ihr nur gepullert habt, dann ist das in der Regel viel zu viel. Führende Wissenschaftlerinnen und Experten auf diesem Gebiet und der Typ vom Bahnhofsvorplatz empfehlen daher den Einbau einer solchen Stopptaste, wenn ihr noch keine habt. Durch dieses Wunderwerk der Technik verbraucht ihr auf dem Thron nur so viel Wasser wie tatsächlich benötigt, wenn ihr Hofstaat haltet. Und alle, die eine haben: Drückt auch drauf! Sonst verliert die Übung ihren Sinn.

Mit diesen Ideen könnt ihr im Haushalt eine Menge Wasser sparen. Eine winzige Investition für euch. Ein gigantischer Unterschied für Umwelt und Geldbeutel.

049 Windeln — auch sauber nicht gerade appetitlich

Wir selbst haben keine Kinder. Also zumindest noch nicht. Macht damit, was ihr wollt. Wir würden trotzdem gerne über etwas reden, wir haben da nämlich was mitbekommen: dass ein Baby vieeele Windeln braucht, bis es trocken wird, circa 5.000 Stück. Das macht die Windel einerseits zu einem kostspieligen Unterfangen. Andererseits produziert das auch eine Menge Müll. Und keinen guten. Für die Herstellung von herkömmlichen Windeln werden Erdöl und verschiedene Kunststoffe verwendet, dazu kommen weitere chemische Zusätze. Und nach einmaligem Gebrauch (uh, immer schlecht) landet die Windel im Restmüll. Anschließend wird sie verbrannt. Was will man ja auch sonst noch damit machen. Und der Kreislauf beginnt von … Moment, stimmt gar nicht. Kein Kreislauf, eher ein abwärtskreiselnder Teufelskreis. Die Umweltbilanz von Windeln ist also mies bisher. Aber zur Erinnerung: Das Baby selbst macht sie nur voll. Wir entscheiden ja, welche Windeln wir kaufen. Puh, Glück gehabt, dann können wir sogar was machen.

Besser wären schon mal **Öko-Einwegwindeln**, die sind zum größten Teil abbaubar. Leider sind sie aber auch teurer. Und sie werden immer noch nach einmaliger Nutzung in den Müll geworfen.

Bessere Alternative: klassische **Stofftücher aus Biobaumwolle**, in die ihr euer Baby einwickelt. Den Stuhl könnt ihr nach Benutzung die Toilette runterspülen, eventuell müsst ihr ein bisschen kratzen. Kleiner Trost: Was ihr da gerade macht, ist nicht so schmutzig wie eine saubere Einwegwindel. Es stinkt halt nur mehr. Danach wascht ihr sie bei 60 Grad und verwendet sie wieder. Es entsteht also kein Müll. Und ihr spart einen Haufen Geld. Mamis, Papis und alle, die es werden wollen, rechnet das mal für euch durch. Wenn ihr euch traut, Mathe kann ja auch fies sein. Mittlerweile gibt es bei den Stoffwindeln etwas modernere Modelle, wo nichts mehr gekratzt werden muss. Besseres Handling, etwas mehr Müll, aber immer noch wesentlich weniger als bei Einweg.

Wie gesagt, wir sind in dieser Hinsicht zur Abwechslung mal keine Experten, finden aber, dass sich das Ausprobieren lohnt. Und vielleicht werdet ihr ja riesengroße Fans? Wer übrigens **ganz auf Windeln verzichten** will, spart sich am meisten. Probiert es ruhig mal aus. Besonders am Anfang könnte allerdings deutlich mehr Wäsche anfallen. Bis ihr eben wisst, welcher Gesichtsausdruck „groß" und welcher „klein" bedeutet. Wir wünschen euch viel Erfolg. Und ihr macht das super!

050 Nachhaltige Alternativen zu Tampons und Binden

Hier könnten wir aufzählen, wie viel Müll durch Tampons und Binden entsteht, dann noch ein bisschen was zur Produktion und wo das Ganze so hin und her transportiert wird. Denn Hygieneartikel verursachen im Badezimmer hochgerechnet ganz schön viel Müll. Aber auch hier gibt es nachhaltige Alternativen. Wir, die wir von diesem Thema kaum eine Ahnung haben, haben uns an eine Expertin unseres Vertrauens gewendet.

Liebe Expertin, schön dich dabeizuhaben! Als gängige Hygieneartikel für Frauen wird am häufigsten zu Tampons und Binden gegriffen. Aber mittlerweile gibt es auch Alternativen, die nicht nach jeder Verwendung direkt in den Mülleimer wandern müssen. Welche sind denn deiner Meinung nach die gängigsten, und wie funktionieren sie?

Heyho, ihr beiden – schön, dass ich dabei sein darf! Müllfreie Alternativen sind beispielsweise waschbare Binden, eine Menstruationstasse oder Periodenunterwäsche. Waschbare Binden werden im Grunde genommen genauso verwendet wie Single-Use-Binden. Sie werden aber nicht weggeschmissen, sondern nach jeder Verwendung gereinigt und wiederverwendet. Unbedingt auf gute Materialien wie zertifizierte Biobaumwolle o. Ä. achten, da die Binden in direktem Kontakt mit dem

Körper stehen. Außerdem: steriles und verschließbares Döschen zulegen, damit man sie auch unterwegs sicher transportieren kann und direkt zur Hand hat, wenn's mal schnell gehen muss.

Die Menstruationstasse ist meine Favoritin unter den Zero-Waste-Alternativen. Sie gibt es in verschiedenen Größen, und sie besteht aus Silikon. Sie bildet ein Vakuum und fängt die Periode auf, ohne dabei Müll zu verursachen. Nach ein paar Stunden wird sie herausgenommen, ausgeleert, ausgespült und kann wieder neu eingesetzt werden. Man muss sie jeden Monat vor und nach Verwendung auskochen, um Bakterien und Keime abzutöten. Sie ist extrem langlebig und kann etliche Tampons und Binden, also große Mengen an Müll, einsparen. Sie ist günstiger, denn sie wird einmalig gekauft und kann lange benutzt werden.

Last, but not least: Periodenunterwäsche. Gewöhnungssache, aber angenehme Gewöhnung, wie ich finde. Das ist eine spezielle Unterhose, die das Blut während der Menstruation auffängt und absorbiert. Nach Verwendung die Höschen einfach kurz ausspülen, in der Waschmaschine waschen und im nächsten Monat wiederverwenden. Auch hier auf gute Materialien achten! Außerdem ist es wichtig, dass die Membran frei von Silberchlorid ist. Die Unterwäsche schützt nicht nur zuverlässig vor dem Auslaufen, sondern ist auch bequem und kann je nach Schnitt wärmen, was ich während meiner Periode oft als sehr angenehm empfunden habe. Aber das alles sind nur meine persönlichen Erfahrungen, denn die Bedürfnisse und die Periode sind bei jedem Körper anders.

Warum hast du dich für die Alternativen zu klassischen Tampons und Binden entschieden? Und welche Vorteile siehst du darin?

Ich schwöre auf die Menstruationstasse und auf Periodenunterwäsche. Aus Erfahrung kann ich sagen: Beide schützen zuverlässig vor dem Auslaufen, und das, ohne Müll zu verursachen. Außerdem finde ich persönlich sowohl die Tasse als auch die Panties hygienischer als Tampons, Binden und Co. Je nach Stärke der Blutung können sowohl der Cup als auch die Periodenunterwäsche sogar für mehrere Stunden getragen werden.

Tampons und Binden musste ich viel häufiger wechseln und mochte die gebleichte Wolle darin nicht. Aber wie gesagt: Das hängt auch vom Körper und von den eigenen Bedürfnissen ab.

Würdest du tendenziell alle Alternativen empfehlen, oder gibt es auch welche, bei denen du sagst: die lieber nicht? Oder soll man alle einfach mal ausprobieren?

Von allen Alternativen sagen mir waschbare Binden am wenigsten zu. Mir sind sie meistens etwas zu warm, und mich stört es optisch, wenn ich die Verfärbungen trotz Auskochens nicht mehr ganz herausbekomme. Am allerliebsten mag ich die Menstruationstasse. Sie ist praktisch, kann mehrere Stunden drinbleiben, und man merkt sie einfach überhaupt gar nicht. Aber an das Einsetzen und Rausnehmen muss man sich nach und nach gewöhnen. Sie verfärbt sich mit dem Verwenden zwar auch, aber das lässt sich lösen, wenn man sie nach dem Benutzen mit Tabs reinigt und danach gründlich auskocht.

Am zweitliebsten mag ich Periodenunterwäsche. Sie ist bequem, schützt zuverlässig und gibt mir das Gefühl, dass ich mich, während mein Körper während der Periode das tut, was er eben tun muss, auf andere Dinge konzentrieren kann. Die Unterwäsche ist aber etwas teurer ist, und man braucht mehrere Exemplare. Letztlich sind das alles aber nur meine persönlichen Erfahrungen. Deswegen denke ich, dass man sich einfach ausprobieren muss, um das Passende für den eigenen Körper zu finden. Die müllfreien Alternativen können sich jedenfalls absolut sehen lassen!

Vielen Dank für deine Zeit und deine Antworten!

Always!

Lol.

051 Das Geschäft mit dem Geschäft – Gedanken zu Toilettenpapier

Es geht ab auf den Thron, wichtige Sitzung! Hier sind wir für uns, hier haben wir Ruhe, hier scrollen wir durchs Internet, hier bilden wir uns. Und wir gehen unseren Geschäften nach. Hier soll es um das gehen, was wir am meisten vermissen, wenn es nicht da ist: Toilettenpapier. Durchschnittlich gönnt sich jede und jeder von uns 134 Rollen im Jahr bei 90 Gramm pro Rolle. Und seien wir mal ehrlich: So *richtig* Gedanken über die Auswirkungen von Klopapier auf die Umwelt haben sich bisher die wenigsten von uns gemacht. Man reißt es ab, man wischt, und es verschwindet, seit Anbeginn der Zeit.

Für die Herstellung der Rollen muss Zellulose aus Holz gelöst werden. Und das alles muss dann noch gebleicht werden. Für einen besseren Kontrast später nach dem Wischen, klar. Und so haben wir in dem Moment, wo wir das Papier abreißen, schon große Mengen Wasser und Energie verbraucht. Hinzu kommt, dass durch die Globalisierung das Holz dafür nun aus allen möglichen Ecken der Welt kommt. Auch aus Wäldern, die man besser nicht anrührt. Looking at you, Regenwälder. An alle, die jetzt sagen: „Ich benutze doch sowieso nur maximal zwei Blatt, und manchmal schaffe ich es mit einem": Das will niemand hören, ehrlich. Aber Sparsamkeit ist natürlich super.

Zum Glück gibt es auch noch andere Methoden, wie das Bidet. Das kleine Waschbecken neben der Toilette, für alle, die sich schon immer gefragt haben, was das ist. Na gut, so was kostet etwas mehr, und man müsste ja auch erst mal Platz dafür haben. Deswegen als Alternativvorschlag: Po-Duschen sind je nach Modell recht günstig und können einfach selbst zu Hause angebracht werden. Ja, wenn man es noch nie probiert hat, klingt's erst mal befremdlich. Aber pst, hey, kommt kurz näher: Wasser macht alles sauber, statt einfach nur zu verreiben. Und Gerüchten zufolge ist es ein Segen nach scharfen Mahlzeiten. Haben wir gehört.

Wer eine Wasserallergie hat oder noch ein bisschen überlegen muss, kann ja so lange wenigstens geloben, nur noch Recycling-Toiletten-papier zu kaufen. Achtet dabei auf den *Blauen Engel*. Er gibt an, dass das Klopapier aus 100 Prozent recyceltem Material besteht. Es wird übrigens aus benutztem Papier hergestellt, nicht aus benutztem Toilettenpapier. Aber das nur am Rande. Wir müssen jetzt ganz dringend los, wichtige Geschäfte, ihr versteht das sicher.

Keller und Waschküche

052 Der Waschmaschinen-Crashkurs im Schleudergang

Wir machen es kurz hier, der Wäscheberg ist groß, und wir wollen uns gar nicht lange aufhalten. Wie die Tür von dem Kasten auf- und zugeht, wisst ihr ja.

Für die meiste Wäsche, die so anfällt, reichen auch 30 Grad statt 40. Es wird also weniger Energie benötigt, um das Wasser aufzuheizen. Natürlich gibt es einige Dinge, die aus Hygienegründen heißer gewaschen werden sollten. Für Bettbezüge, Handtücher und Küchentextilien sollten es beispielsweise schon 60 Grad sein. In Ausnahmefällen werdet ihr auch mal mehr brauchen, aber für das allermeiste sind diese Einstellungen völlig ausreichend.

Was wir sonst noch beachten müssen: Wenn es ein Eco-Programm gibt, nutzen wir das! Und Kippschalter, so einen bauen wir auch an. Für langlebige Maschinen reinigen wir das Flusensieb noch regelmäßig, mit Haustieren öfter.

So, im Wesentlichen war's das auch schon. Eine Sache machen wir aber noch zum Schluss. Schnappt euch einen Wäschekorb, und sprecht uns nach: „Wir geloben, *nie wieder* auf den Startknopf zu drücken, wenn die Trommel nicht randvoll ist. Andernfalls soll die Öffentlichkeit uns am Marktplatz mit Waschpods bewerfen."

053 Wäsche waschen: saubere Kleider, reines Gewissen?

Wäsche waschen … liebt ihr's? Wir lieben es eindeutig nicht. Nicht aus Faulheit, Gott bewahre. Wir haben es einfach nicht so gerne, dass unsere Waschmittelrückstände dann das Abwasser belasten. „Wer wäscht, nimmt also in jedem Fall eine gewisse Umweltbelastung in Kauf", sagt sogar das Umweltbundesamt. Glp.

Aber saubere Wäsche haben wir schon ganz gerne. Und irgendwann kommen wir ja auch gar nicht mehr drum herum, die Trommel wieder zu befüllen. Und wäschemäßig so richtig auf die Pauke zu hauen. Welches war noch mal gleich das beste Waschmittel?

Waschmittel kaufen wir flüssig, pulvrig, in Pods oder als Baukästen. Viele davon enthalten Plastikteilchen – und müssen das nicht einmal auf der Verpackung angeben*. Mal finden wir also (Mikro-)Plastik in flüssiger und mal in fester Waschmittelform. Flüssiges Waschmittel kommt außerdem meist in Plastikflaschen und in der Regel in geringeren Mengen nach Hause als sein Pulverkollege. Doppel-Punkt für den Pulverkollegen. Flüssigwaschmittel enthält zudem Stoffe, die die Kläranlage nicht immer herausfiltert. Damit es so lange haltbar bleibt wie Pulver, werden dem flüssigen Mittel Konservierungsstoffe beigemischt. Die können Allergien oder andere Reaktionen des Körpers hervorrufen. Klarer Sieg für das Pulver? Hm. Es ist in Wirklichkeit gar nicht so viel besser, wenn wir nicht darauf achten, was wir da kaufen. Manche enthalten Wasserenthärter oder optische Aufheller, beide, offen gesagt, nicht gerade gut für die Umwelt. Auch hier kann ein Strichcodescan weiterhelfen.

Die Lage ist also sehr unübersichtlich, aber wir merken uns schon mal: Zu viel Waschmittel ist nie gut. Jedes Waschmittel, auch eines, das

---

* Unsere Empfehlung: Barcode per App scannen, Inhaltsstoffe und deren Bedenklichkeit auf dem Handy anzeigen lassen, s. 098.

mit allem Pipapo nachhaltig hergestellt ist, ist umso besser für die Umwelt, je weniger man benutzt. Natürlich sollte die Wäsche schon noch sauber werden. Ein vorzügliches Stichwort für den Waschmittel-Baukasten. Wie der Name schon andeutet, kommt das Waschmittel hier in Einzelteilen zu uns: als Enthärter, Bleichmittel und Basiswaschmittel. Der Vorteil an dem Prinzip ist, dass nicht mehr die Industrie das Mixen für uns übernimmt, sondern wir höchstpersönlich. So ist immer von allem genau die benötigte Menge in der Maschine. Ist unser Wasser zum Beispiel recht weich (das finden wir beim Wasserwerk heraus), können wir ganz auf den Enthärter verzichten. Hat die Wäsche keine gewaltigen Flecken, brauchen wir weniger Bleichmittel. Klasse, denn dadurch gelangen auch weniger Schadstoffe ins Wasser.

Puh. Waschmittel, du bist kompliziert. Deshalb zum Schluss zwei Dinge, auf die wir recht eindeutig gut verzichten können: Weichspüler und Hygienespüler. Beide belasten die Umwelt und zum Teil unseren eigenen Körper. Und bringen im Vergleich dazu viel zu wenig. Natürlich gibt es wie immer biologische und ökologische Varianten, die davon ausgenommen sind. Kommt gut durch den Wäscheberg!

- „Ja ähm, Momendele mal! Jetzt habt ihr gar nix zu den Pods gesagt!"

Die Pods. Stimmt ja. Vergesst die einfach, okay? Ihre Dosierung passt nicht zu eurer vollen Trommel. Ihre Waschleistung ist schlechter, ihre Umweltbelastung höher im Vergleich zum Pulver. Und ein Waschgang kostet mit ihnen doppelt bis mehrfach so viel wie mit Pulver. Wie gesagt: zum Vergessen.

054 Waschmittel holen im Wald — die Welt des Selfmade-Waschmittels

Das war jetzt nicht so erfüllend da eben mit dem Industriewaschmittel an der Maschine, oder? Finden wir auch. Hier kommen Ideen, wie es besser geht. Ihr braucht: ein klein wenig eurer geschätzten Zeit und Lust, direkt loszulegen.

Wer Waschmittel selbst herstellen will, kann sich mit **Kastanien** austoben. Nehmt dafür acht Rosskastanien und schneidet sie in Viertel. Mindestens, kleiner geht auch. Wenn ihr helle Wäsche damit waschen wollt, schält sie vorher. Übergießt sie mit 300 Millilitern Wasser und wartet. Beobachtet. Staunt. In Kastanien sind Saponine enthalten, ein Stoff, der beim Kontakt mit Wasser einen seifenähnlichen Schaum bildet. Lasst ihr die Kastanien acht Stunden ziehen, lösen sich die Stoffe im Wasser. Wenn ihr nun die Kastanien absiebt, könnt ihr mit der Flüssigkeit ganz normal waschen. Die Kastanien könnt ihr wiederverwenden. Sie brauchen dann allerdings länger, um die heiß begehrten Saponine an das Wasser abzugeben. Und irgendwann sind auch keine mehr da. Dann müsst ihr neue holen. Zum Beispiel beim nächsten Waldspaziergang oder im Park – so oder so besser, als einkaufen zu gehen. Wenn eure Wäschemenge größer ist, solltet ihr entsprechend mehr einlegen. Und besonders starke Verschmutzungen und Flecken solltet ihr vorbehandeln. Ansonsten alles wie gehabt. Und, wie riecht es?

Wem das alles zu viel Vorbereitung ist, kann gerne auch einen **Waschball** ausprobieren. Waschbälle lösen durch negativ geladene Ionen den Schmutz von der Wäsche. Sie sind also sehr umweltfreundlich, weil sie ohne Chemikalien auskommen. So bezaubernd das klingt, an einen Unterschied werden wir uns schon gewöhnen müssen, wenn wir sie nutzen: Die Wäsche riecht einfach nur nach nasser Wäsche und nichts sonst. Wem das nicht reicht, weil frische Wäsche schon nach frischer Wäsche riechen darf, kann gerne seine Wäsche mit selbstgemachtem

Waschmittel zusätzlich erfrischen beziehungsweise parfümieren. Ob der Waschball hundertprozentig funktioniert, ist noch nicht bewiesen. Oder die Magie dahinter wurde noch nicht so ganz verstanden. Wir finden: Ausprobieren lohnt sich auf jeden Fall!

Egal, wie ihr das mit dem Selfmade-Waschmittel handhabt, ob ab jetzt immer, jede zweite Maschine oder einfach gelegentlich: Das ist echter Pioniergeist, der einen positiven Einfluss auf die Natur hat. Und das mit dem positiven Einfluss stimmt hier wortwörtlich. Die Felder, die fließenden und die stehenden Gewässer werden es euch danken, wenn es mal kein Plastik für sie gibt. Sie sind bestimmt sowieso schon auf Jahrzehnte hinaus zur Genüge damit versorgt.

055 Wäsche trocknern oder trocknen lassen?

Eindeutig trocknen lassen. Immer wenn ihr könnt. Aber zur kalten Jahreszeit oder wenn es mal schnell gehen muss, ist der Trockner eine hilfreiche Alternative. Nur: Er verbraucht eben wahnsinnig viel Energie. Aber mit ein paar kleinen Tipps könnt ihr immerhin das Maximum aus ihm rausholen. Wem die Umwelt dafür als Antrieb mal wieder nicht reicht: Nehmt Geld.

Wenn ihr nämlich schon beim Waschen eine hohe Schleuderzahl einstellt, kommt die Wäsche trockener aus der Maschine (wegen Fliehkräften und so). Sie braucht also nicht so viel Zeit im Trockner. Oder wenn ihr unbedingt noch bügeln wollt oder müsst, ist „Bügeltrocken" die Stufe der Wahl. Die Wäsche kommt leicht feucht heraus, optimal zum Bügeln. Also immer die passende, energiesparendste Stufe auswählen. Das schont nebenher auch die Kleidung, nichts geht ein oder kaputt. Und wer Mode verstanden hat, weiß, wie groß allein dieser Nebeneffekt ist, dass Kleidung länger hält. Wenn ihr also schon vor dem

Waschen ans Trocknen denkt, in anderen Worten überlegte, erwachsene Entscheidungen trefft, profitiert ihr und wir alle ohne Ende.

Um die volle Wirkung des Trockners zu entfalten, reinigt regelmäßig die Siebe. Dann muss er sich weniger anstrengen. Da es mehrere Modelle gibt und wir selbst nur 83 verschiedene kennen, verweisen wir euch gerne auf die Bedienungsanleitung, zu Hause oder im allseits beliebten WWW. Dort steht dann auch, wie euer Trockner es am liebsten mag. Und er soll sich ja noch ein bisschen wohlfühlen.

Am besten ist es jedoch, keinen Trockner zu benutzen und sich keinen anzuschaffen. Für einige sicher nicht realistisch, aber wir wollten es mal gesagt haben. Die Kiste muss nicht extra hergestellt werden, sie verbraucht Energie weder zu Hause noch beim Transport rund um den Globus (alternativ: auf dem Weg in den vierten Stock), und ihr könnt das Geld für coole Wäscheständer verwenden. Gut, Wäsche aufhängen ist in den letzten Jahren nicht unbedingt cooler geworden, aber die Modelle sind immerhin vielfältiger geworden. Vielleicht ist ja auch eins für euch dabei.

056 Bügeln

Kennt ihr das? Wie in Trance bügelt ihr und macht die ganze Wäsche einmal ordentlich glatt. Nur damit sie dann später wieder von irgendwem zerknittert werden kann. Für dieses Problem haben wir leider keine Lösung, da müsst ihr wahrscheinlich einfach durch. Aber wir können euch Tipps geben, wie ihr nachhaltiger bügelt.

Fangen wir doch direkt bei euch persönlich an: Bügelt auf einer für euch passenden Höhe. So bleibt ihr gesund und munter. Ja, auch das ist nachhaltig.

Bei der Wäsche ist es wichtig, dass ihr nur die Sachen bügelt, die auch wirklich gebügelt werden müssen. Denn wir sparen ja Energie, wo es geht, ne? Unterhosen, Socken, Handtücher und Bettwäsche gehören schon mal nicht dazu. Außer ihr seid Unterwäschemodels. Oder Leute, die irgendwas mit Inneneinrichtung machen und perfekte Fotos brauchen.

Bevor es losgeht, sortiert die Bügelwäsche vor. Ihr solltet nicht einfach alles bei derselben Temperatur bügeln. Denn ihr wollt unnötige Schäden an den Kleidern ja vermeiden. Weil das nachhaltig ist und so. Wenn ihr dann auch noch in der richtigen Reihenfolge bügelt, spart ihr garantiert einiges an Energie. Startet mit der Wäsche, die bei der niedrigsten Temperatur gebügelt wird. Dann nutzt ihr die Zeit und die Energie, die das Bügeleisen zum Aufheizen benötigt, optimal. Wir wünschen gute Bügelei!

Garten, Terrasse, Balkon und Fensterbrett

057 Regrow it! Altes Gemüse in neuem Glanz

Wäre es nicht der absolute Hammer, um nicht zu sagen, der Hammer schlechthin, wenn man Gemüseverschnitt noch mal benutzen könnte? Also Biomüll oder Kompost zu neuem Glanz, zu neuem Leben verhelfen? Eine ebenso verlockende wie rhetorische Frage, denn das ist auf alle Fälle möglich. Und wenn aus Bioabfällen einfach neue Nahrung wird, direkt in eurer Küche, stellt euch mal vor, was das bedeutet: weniger Geld ausgeben, weniger den nervigen Gang zum Supermarkt antreten, weniger Transportwege – kurz gesagt: weniger von allem. Nur ein wenig mehr Hardcore-Bio- und ultralokaler Anbau. Und für die meisten Gewächse reicht auch schon ein leicht grünlicher Daumen.

Das Prinzip dahinter nennt sich, wie der Titel schon verrät, Regrowing (zu Deutsch: hammerkrass, wie Natur nachwächst, ey!). Von uns gibt es hier eine kleine Auflistung der einfacheren Pflänzchen zum Nachwachsenlassen. Für alle, die entdecken, dass die Daumen strahlend grün sind, haben wir noch zwei etwas kn iffligere Pflanzen dazugepackt. Und wenn ihr komplett im Fieber seid, geben wir euch auch gerne eine Stunde Zeit für weiterführende Recherchen in der Bibliothek.

Am einfachsten zu regrowen sind wahrscheinlich **Frühlingszwiebel** und **Lauch**. Achtet darauf, dass die Wurzeln mitsamt vier bis fünf Zentimeter Stängel noch vorhanden sind. Stellt sie in Wasser und packt sie an einen hellen Ort. Mehr müsst ihr nicht machen. Sie wachsen ganz von allein nach. Magisch, oder? Keine Ahnung, wie das funktioniert, aber Natur rockt einfach! Ach ja, um Gerüche zu vermeiden, wechselt ihr am besten alle paar Tage das Wasser. Riecht einfach mal dran. Wenn ihr Porree oder Zwiebel nach einer Woche in Erde setzt, habt ihr noch länger was davon. Es funktioniert aber auch herrlich im Wasserglas. Zählt einfach mal selbst, wie oft das Kraut wieder sprießt.

Genauso einfach geht es weiter mit **Salat**. Was klasse ist, weil Salat in jedem Kühlschrank viel Platz wegnimmt und nicht lange hält. Aber man kann ihn ja frisch vom Fensterbrett schnippeln! Strunk und Herz nicht wegwerfen, sondern ebenfalls ins Wasser, helles Fleckchen, Wasser wechseln nicht vergessen – ihr kennt das Spiel. Huch, sind eure Daumen gerade grüner geworden?

Nicht ganz so einfach (aber eigentlich immer noch easy peasy) geht es weiter mit **Pilzen**. Yes, richtig gehört! Pilze! Um beispielsweise Champignons erfolgreich zu kultivieren, muss man ihnen keine Kunstgeschichtsvorlesungen halten. Man isst sie lediglich einmal ohne Stiel, steckt diese dann senkrecht in eine vorbereitete Form mit Erde (z. B. ein Topf) und versenkt sie bis zum Hals. Damit neue Pilze wachsen, brauchen sie es warm und feucht. Nehmt sie doch einfach mal ab und zu mit ins Bad, wenn ihr duscht. Sucht ihnen am besten auch einen dunklen Platz, die Pilze brauchen wenig Licht. Und keine Sorge, wenn's nicht beim ersten Mal klappt – der Daumen verliert dadurch nicht an Farbe.

Wenn wir schon mit der Erde hantieren, machen wir gleich weiter mit der **Kartoffel**. Die braucht etwas länger und benötigt auch mehr Platz, zählt daher eindeutig zu den fortgeschritteneren Regrow-Projekten. Der Rest ist aber kinderleicht: Nehmt am besten eine Kartoffel, die schon Triebe gebildet hat. Schneidet sie so in zwei Hälften, dass auf beiden Seiten Triebe sind. Trocknet sie einige Tage, bis die Schnittfläche nicht mehr feucht ist, um Schimmelbildung vorzubeugen. Nur noch in ein ausreichend großes Gefäß geben, locker mit Erde bedecken und regelmäßig gießen. Genau dort, in dieser Erde, findet ihr dann übrigens auch die neue Kartoffelgeneration. Das sind nicht die Beeren oben an der Pflanze.

Damit ihr dann zu euren Bratkartoffeln auch gleich **Zwiebeln** habt, steckt ihr das wurzelige Ende der Knolle (großzügig abgeschnitten) in die Erde. Ab damit an einen warmen Ort und Gießen nicht vergessen. Das war's auch schon. Zwiebeln sind einfach cool.

Ihr wollt mehr? Okay, hier kommt eine dicke Hürde auf dem Weg zum Regrow-Profi: die **Avocado**. Dafür wascht ihr den Kern ab und steckt vier Zahnstocher hinein – einen in jede Himmelsrichtung. Befüllt ein Glas mit Wasser. Euer Konstrukt legt ihr so auf das Glas, dass der Kern von den Zahnstochern getragen wird und an der Unterseite mit Wasser bedeckt ist. Wenn ihr alle zwei bis drei Tage das Wasser wechselt, werden nach einigen Wochen Wurzeln sprießen. Sobald diese die Marke von fünf Zentimetern geknackt haben, könnt ihr den Kern in die Erde setzen. Die obere Hälfte sollte noch rausschauen. Ab jetzt heißt es hegen und pflegen: Vielleicht gibt es nach sieben Jahren ein paar Früchte – wenn nicht, habt ihr eine hammermäßig toll aussehende Zimmerpflanze.

Noch mehr, noch größer? Wenn ihr wollt, könnt ihr sogar eine **Ananas** regrowen. Schneidet dafür den oberen Teil ab und stellt ihn in Wasser, bis er Wurzeln schlägt. Wichtig sind dabei viel Sonne und tägliches Wasserwechseln. Nach zwei bis drei Wochen ist sie bereit für die Erde. Mit viel Pflege und etwas Glück gibt's nach einigen Jahren vielleicht die erste Ananas aus eigenem Anbau.

Bedenkt natürlich bei Avocado und Ananas, dass sie tropische Früchte sind. Sie brauchen also das ganze Jahr über Wärme und Sonne. Sie sind daher bei uns entsprechend schwerer nachzuziehen. Aber wir wollten ja auch nicht, dass jetzt alle eine Ananasplantage in der Sockenschublade einrichten. Sondern wir wollten vor allem eines verdeutlichen: Wenn sogar Avocado und Ananas funktionieren, dann ist fast alles möglich.

Probiert euch also aus, schaut, was euch liegt und was euch schmeckt. Alles andere kommt mit der Zeit.

Das Coole am Regrowen ist: Alle können mitmachen, denn auch in der engsten Stadtwohnung findet sich noch ein Eckchen für Vasen oder Töpfe. Natürlich funktioniert das Regrowen nicht beliebig oft, schließlich hat auch eine Salatkopfwurzel ihre Grenzen. Aber die Vorteile überwiegen so sehr, dass es beim Wippen schon echt unfair wäre. Kein Einkauf, kein Geld ausgeben, kein Transport. Und: Man weiß plötzlich wieder, wo's herkommt. Guten Appetit, viel Spaß beim Gärtnern und Ausprobieren. Und ein herzliches „Immer schön knackig bleiben" an eure Pflänzchen.

058 Neue Nachbarn gesucht? Insekten, die im Garten immer willkommen sind

Kurz vorneweg: Den Insekten geht's nicht so gut, ihre Zahl sinkt zum Beispiel aufgrund von Pestizideinsatz. Es gibt natürlich noch mehr Gründe, aber das zeigt schon, wie paradox es manchmal zugeht. Viele Insekten sind nämlich selbst von Haus aus Schädlingsbekämpfer. Aber lest selbst.

Nicht alles, was da so durch den Garten kreucht und fleucht, ist schlecht für ihn. Manche der kleinen Insekten sind uns eine gewaltige Hilfe beim Gärtnern, andere tragen epische Kämpfe für uns aus.

Zu den bekanntesten Helfern zählt wohl der Regenwurm. Er hält in Erde oder Kompost gut laufende Düngerfabriken am Laufen. Er lockert den Boden, versorgt ihn mit Nährstoffen und braucht dafür nur … Erde als Nahrung?? Coole Geschäftsidee, **Regenwurm**! Willkommen im Garten!

Ebenso bekannt und mit nicht minder schlechterer Geschäftsidee kommt die **Biene** daher. Sie unterstützt durch ihre Bestäubung nicht nur Pflanzen bei der Babyproduktion, sondern mehr oder weniger erfolgreich auch Eltern bei der Aufklärung. Damit sie euch regelmäßig besucht, pflanzt Blumen an (die liebt sie aus irgendeinem Grund, schaut auch mal bei 062 vorbei). Am besten welche, die zu unterschiedlichen Zeiten blühen, dann lohnt sich der Besuch die ganze Saison lang.

Auch ihre schwerfälligen Kollegen, die **Hummeln**, sind erstklassige Fortpflanzungshelfer. Ihr könnt sie bei euch ansiedeln, indem ihr ihr ein Holzhäufchen aufstapelt oder Nistkästen organisiert. Die kann man selbst machen oder übrig gelassene benutzen.

Ein eher unscheinbarer Bestäuber ist die **Schwebfliege**. Von wegen unscheinbar! Sie ist der Kolibri unter den Fliegen. Als Erwachsene kümmert sich die Schwebfliege um die Bestäubung von Pflanzen. Und in Larvenform verspeist sie ganze Kolonien von Blattläusen und Spinnmilben. Und ausnahmsweise übertreiben wir nicht. Wirklich Kolonien. Sie legt ihre Eier wortwörtlich in den Kolonien ab. Krasses Tier dafür, dass es nicht stechen kann, oder?

Ein anderer beinharter Profi, wenn es um Schädlingsbekämpfung geht, ist der **Marienkäfer**. Er frisst mit Vorliebe Blattläuse, hat aber auch ein Auge auf Wanzen, Milben und Schildläuse geworfen. Wollt ihr diesem netten kleinen Guerillakämpfer für die gute Sache dauerhaft ein Zuhause zu geben? Um den Winter zu überstehen, brauchen Marienkäfer ein paar Laubhaufen, ein paar Steinhaufen oder Rindenmulch, die reichen schon. Anders gesagt: Räumt mal nicht auf, und gebt der Natur Platz, um sich auszutoben. Und wenn ihr gerade schon am Nichtaufräumen seid, siedeln sich vielleicht auch **Ohrenkäfer** an. Die mögen Laubhaufen und Holzspalten. An alle, die sich jetzt die Ohren zuhalten: Keine Panik, am Mythos, dass die sich durchs Trommelfell fressen und dort eine Familie gründen, ist nix dran. Ein kleines Problemchen gibt es aber doch mit dem Ohrenkneifer: Sind keine Schädlinge mehr da, die er beseitigen kann, vergeht er sich auch schon mal an weichen Pflanzenteilen. Der Lausebengel!

Wenn ihr bei der Schädlingsbekämpfung jegliche moralischen Maßstäbe über Bord geworfen habt, aber *wirklich* nur dann, verraten wir euch, wie man die *Ichneumonidae* ansiedelt. Besser bekannt als … (So, alle, die noch einen Funken Anstand in sich tragen, halten sich bitte ab hier die Augen zu, bis sie den Absatz fertig gelesen haben) … die **Schlupfwespe**. Bohrt einige Löcher in einen Holzstamm, und platziert diesen im Garten, um sie anzulocken. Für die Überwinterung gehen auch Grasbüschel, Baumstämme und Rinde, die ihr unangetastet lasst. Als Nahrung bevorzugen sie Lavendel, Liebstöckel und Kümmel. Also, wenn sie nicht gerade Schädlinge fressen. Denn dann kann es schnell ausarten. Jedes Mal grenzwertig, liebe Schlupfwespen. Sie legen nämlich ihre Eier in die Körper ihrer Opfer, diese schlüpfen dort und fressen sich durch ihren Wirt nach außen.

Habt ihr Nacktschnecken, die euch die Pflanzen abfressen? Dann müsst ihr Feuer mit Feuer bekämpfen! Sorry, diese Wespen haben uns radikalisiert. Die **Tigerschnecke** frisst Eier und Jungtiere von Nacktschnecken. Sie ist außerdem Fan von Pilzen und abgestorbenen Pflanzenteilen.

Und vom Boden geht's ab in die Lüfte. Wäre es nicht der Hammer, wenn es etwas gäbe, das sich um die Mücken kümmert? Es gibt natürliche Kampfpiloten, die sich dieser Plage annehmen und sie filigran aus der Luft schnappen: **Libellen**. Damit sie sich wohlfühlen, braucht es jedoch einen Teich im Garten oder zumindest einen um die Ecke, da sie sich nur in der Nähe von Wasser aufhalten. Und ja, wir sehen die Ironie dahinter, mit einem Teich kommen ja noch mehr Mücken, ihre Larven wachsen schließlich darin. Nur: Libellenlarven eben auch. Und die steigen liebend gerne ein ins Familiengeschäft namens Mücken- und Larvenverspeisen. Die Libellen sind den Mücken von Geburt an auf den Fersen.

Die Sonne geht unter, es wird dunkel, und Stille macht sich im Garten breit. Genau dann schlägt er zu, der Garten-Ninja, den wir selten zu Gesicht bekommen. Zu später Stunde kriecht der **Laufkäfer** aus seinen Ritzen im Holz oder dem Laubhaufen. Er ist ein richtiger Allesfresser, der sich im Schutz der Dunkelheit über Schnecken, Milben, Läuse, Kartoffelkäfer und weiß der Laufkäfer noch alles hermacht. Und morgens erkennen wir den Garten nicht wieder. Grüßt zwar nie, aber trotzdem cooler Typ, der Laufkäfer.

Apropos dunkel, wer sich Lampen im Garten sparen oder interessanteres Licht als elektrisches begutachten will, lässt kleine Haufen mit Ästen liegen. Mit etwas Glück lockt ihr **Glühwürmchen** an und habt viele kleine Lampen, die auch noch verrückte Sachen machen. Sie fressen die Larven von so ziemlich allen Schneckenarten. Wahnsinn. Schädlingsbekämpfung und Lightshow. Fluoreszie… äh, faszinierend!

Wie ihr seht: Schädlinge bekämpft man am besten mit Vielfalt. Und einem naturbelassenen Garten. Ist um einiges besser, als gleich zum Giftschrank zu gehen und in den eigenen Garten zu kippen. Denn das tötet dann auch alle, die eigentlich auf der guten Seite kämpfen. Übrigens gibt es einige Käferlarven, sogenannte **Engerlinge**, die sich besonders in Kompost wohlfühlen und natürlich zu dessen Zersetzung beitragen. Das ist aber etwas spezifischer und daher freiwillige Hausaufgabe.

059 Sozialer Wohnungsbau mit Profitaussichten: das Insektenhotel

Wenn ihr schon immer mal ins Hotelgewerbe einsteigen wolltet, ist das hier eure Chance! Mit einem Insektenhotel helft ihr mit, nützlichen Insekten ein Zuhause zu geben und sie bei euch anzusiedeln. Dadurch, dass ihr ihnen eine Überwinterungsmöglichkeit schafft, unterstützt ihr auch die Pflanzen in eurem Garten.

Natürlich könnt ihr, um bestimmte Insekten anzulocken, besondere Hotels bauen (Marienkäfer beispielsweise benötigen unbedingt einen Trainingsraum mit Sauna, hat man uns zugetragen). Von uns gibt es hier aber eine Anleitung mit einem bunten Mix an Zimmern, sodass sich allerlei Insekterei ansiedeln kann. Stichwort Kundendiversifizierung. Der Größe und dem Aussehen eures Hotels sind dabei keine Grenzen gesetzt (wir tüfteln bei unserem Modell gerade noch am Spiegelsaal). Wichtig ist nur, dass es später an einem Ort steht, wo die Gäste sich wohlfühlen: in der Sonne, aber, wenn möglich, auch wind- und regengeschützt.

Ihr braucht:

* ausreichend Bretter (10 cm breit, 2,8 lfd. Meter)
* Akkuschrauber, Schrauben, Hammer, Nägel
* Blech für das Dach (geht auch mit Holz)
* jemanden, der Bock hat, das mit euch durchzuziehen
* ein flaches Brett für die Rückwand
* Füllmaterial divers
* was Gittermäßiges

Der Einfachheit halber nehmen wir mal ein Hotel mit einer Größe von 40 x 40 Zentimetern, vier Kammern und einem Blechdach. Schneidet sieben zehn Zentimeter breite Bretter auf eine Länge von 40 cm zu. Verschraubt vier davon zu einem Quadrat. Die übrigen drei Bretter schraubt ihr horizontal in das Quadrat, sodass sich vier gleich große Kammern ergeben. Als Nächstes kommt noch eine passende Rückwand hinten-drauf (berechnet die Dicke der Bretter mit ein). Die könnt ihr entweder auch schrauben oder festnageln.

Dann nehmt ihr das Blech und schraubt es als Dach obendrauf. Ein kleiner Keil bringt das Ganze in Schräglage, damit das Wasser abfließt. Ein Holzdach, möglichst wasserdicht, tut es aber auch. In unserem Bei-spiel sollte das Blech 60 cm lang und 20 cm breit sein, sodass überall ei-nige Zentimeter drüber hinausragen. Hintenraus natürlich nicht, denn das Hotel wird ja im Idealfall an eine Wand gestellt.

Wenn ihr damit fertig seid, geht's ans Befüllen. Hier gibt es ver-schiedenste Möglichkeiten. Wir schlagen euch vier vor, die ziemlich ein-fach und schnell gehen. Natürlich dürft ihr auch selbst kreativ werden – am besten mit Sachen, die ihr sowieso rumliegen habt oder in der Nähe findet. In die unterste Kammer packt ihr beispielsweise trockene Zapfen, in die nächste getrocknetes Laub, und die darüber befüllt ihr mit Rinden-mulch. Über diese drei Kammern befestigt ihr ein Gitter, damit da nichts rausfällt, aber man trotzdem noch rein- und rauskommt. In die oberste Kammer steckt ihr Hartholz, das ihr vorher auf 10 cm zugeschnitten/ zugebrochen habt. Die Zwischenräume könnt ihr mit Bambusröhrchen stopfen – oder nur Bambusröhrchen verwenden. Tada, fertig ist euer Insektenhotel! Jetzt nur noch schnell aufhängen oder aufstellen. Habt ihr einen Standort, der passt? Überlegt ruhig noch mal kurz, die Immobilie sollte nämlich danach nicht mehr bewegt werden. Und dann: auf tolle Wintergäste und spannende, brandheiße Insektenstorys!

060 Einfach nur gute Pflanzen — der grüne Zaun

Nicht nur Insekten können helfen, im Garten auf natürliche Weise Schädlinge fernzuhalten: Auch die Pflanzen packen mit an! Also nicht alle, manche haben eben keine Lust oder schon was anderes vor, aber diese hier schon. Pflanzt sie in euren Garten – und lasst sie ihre magische, chemiebombensparende Wirkung entfalten. Und ihr selber könnt sie auch noch selbst verwenden. Moment, wir müssen uns kurz setzen, weil sich gerade *einige* Puzzleteile gefügt haben. Das passt ja wie die Faust aufs Auge geschmiert, oder? Diese neun Vieleskönner sollten in keinem Garten fehlen:

- Ihr habt ihn schon längst gerochen und euch in die Provence geträumt, den Anfang macht: **Lavendel**! Für alle, die's mögen, höchst wohlduftend. Ihr könnt Tee aus ihm machen, oder ihr würzt damit Gerichte. Uh, das schmeckt aber fad, da habt ihr wohl nicht ausreichend lavendelt, kann das sein? Lavendel funktioniert aber auch noch in Säckchen gegen müffelnde Wäsche (aka „das geht noch" aka weniger waschen, wuhu!). Oder ihr nutzt ihn gegen Ameisen und Blattläuse.

- Die **Melisse** hilft euch dabei, Ameisen und Fliegen fernzuhalten. Sie ist aber auch eine kleine Küchenfee und gibt gerne Gerichten den letzten Touch. Oder sie entspannt uns als Tee, der gut für den Magen ist und beim Einschlafen hilft.

- Das **Zitronengras** ist im Prinzip das, was in euren Haut-endlich-ab-ihr-Mückenmistviecher-Kerzen drinsteckt. Pflanzt ihr also Zitronengras, vertreibt es mit seinem Geruch stechendes Getier. In der Küche verwendet ihr die Pflanze zum Würzen: Frisch passt sie perfekt zu Currys oder Salaten.

- Unterstützung für den Verdauungstrakt gibt es vom Helmut. Verzeihung, **Wermut**. Wenn ihr ihn in die Startelf im Garten beruft, dann bitte als Abwehrspieler. Die wuselnden gegnerischen Angriffsblattläuse hat er wunderbar im Griff.

- Das **Bohnenkraut** erinnert an eine gepfefferte Minze und vertreibt im Garten die Fliegen. Wie das geht? Wir glauben ja, man muss dafür einfach nur *nicht* stinken. Und tatsächlich: riecht lecker! Der pfeffrige Geschmack des Bohnenkrauts passt jedenfalls perfekt in die Küche.

- Wie aufs Stichwort, lasst uns über **Knoblauch** sprechen! Er ist nicht nur hammerlecker in fast jedem Essen, und wer was anderes behauptet hat da einfach unrecht, sondern auch super für jeden Garten. Schnecken mögen die Knolle gar nicht, mit einer Mischkultur könnt ihr also die Kriechtiere vom Garten fernhalten. Und Vampire.

- Der **Salbei** unterstützt gegen Läuse, Schnecken und nimmersatte Raupen. Er hat eine antibakterielle Wirkung und macht euch als Tee gesund, wenn ihr erkältet seid oder Husten habt.

- Hier kommt es, das Salate und Nudelgerichte verfeinernde, das Pesto hervorbringende, das einzig wahre **Basilikum**! Ein abgezockter Allrounder, der am besten frisch schmeckt. Und deswegen in eurem Garten, auf eurem Balkon oder Fensterbrett stehen sollte. Auch da opfert er sich noch für uns auf, verscheucht Fliegen und Mücken und sogar Wespen.

- Natürlich ist es hart, nach dem durch und durch krassen Basilikum die Bühne zu betreten, aber wer, wenn nicht er, könnte ihm das Wasser reichen: **Ysoooop**! Ihr kennt ihn ja schon und wisst bereits, wie man ihn lagert. Sein würziger Geschmack macht das Kraut interessant für den Herd. Und wenn er dann schon mal im Garten steht, hält er wunderbar und ganz von allein Raupen fern.

061 Rettet die Wildbienen — Maja und Willi suchen Lobby

Hört mal kurz auf, Gift auf eure Monokulturen zu kippen, und lest hier, was
wir alle für die Bienen tun können. Falls
ihr euch jetzt fragt: „Bienen retten? Was
haben die denn je für mich getan?" Keine
Sorge, auch darauf sind wir vorbereitet. Zuerst klären wir nämlich, warum Bienen wichtig
sind – und was überhaupt das Problem ist (enthält Start-
up-Slang).

Nur etwa 20 Prozent aller Pflanzen reicht der Wind
oder innige Selbstliebe zur Vermehrung. Der *Business
Case* der Bienen ist die Bestäubung der Blüten der restlichen
80 Prozent aller heimischen Pflanzen (diese Zahl nennt der Imkerbund).
Bienen sind also sehr wichtig für das Überleben und die Vielfalt hei-
mischer Pflanzen. Und die stehen ganz am Anfang der Nahrungskette
(Value Chain), sind also die Ernährungsgrundlage von unzähligen Lebewesen. Am Ende der Nahrungskette wartet mit umgebundenen Lätz-
chen: der Mensch *(End Consumer)*. Denn die Früchte, die wir essen,
brauchen Bestäubung. Und die Tiere, die wir essen, brauchen ebenfalls
Bestäubung. Sie ernähren sich von Pflanzen oder von kleineren Tieren, die wiederum Pfl... ach, ihr wisst, was wir meinen. Wenn es also
der Biene schlecht geht, dann macht sich das nur kurze Zeit später auch
beim Menschen bemerkbar: Obst wäre zum Beispiel deutlich teurer und
in weniger Auswahl verfügbar. Das sollte ausreichen, um zu verstehen,
warum die Biene wichtig für Natur und Mensch ist. Und man muss
dafür nicht mal Honig mögen.

Und was ist jetzt das Problem mit den Bienen? Warum sterben die
alle? Tun sie gar nicht, sagen Experten. Zumindest der Honigbiene geht

es gut, ihre Zahl steigt sogar. Ihr geht es aber nur gut, weil es Imker gibt. Imker, das sind Menschen, die Bienen als Haustiere halten (*Business Angel*). Die meisten als Hobby, der kleinere Teil, um Geld mit Honig zu verdienen. Der Punkt ist: Die Honigbiene hat eine Lobby. Diese Lobby schützt die Tierchen vorm Aussterben.

Wildbienen und andere wild lebende Insekten haben dagegen keine Lobby. Allerdings bestäuben auch sie Pflanzen, oft sogar welche, die von der Honigbiene gar nicht angeflogen werden. Und sie sind ein natürlicher Schädlingsschutz. Außerdem sind Maja und Willi Wildbienen. Die Biene Maja, Leute!! Sind jetzt auch die Letzten überzeugt, dass wir was tun müssen? Gut, dann jetzt endlich weiter zu den Problemen der Lobbylosen. Das Umweltinstitut München hat sieben davon ausgemacht:

1. **Insektizide**, die in der Landwirtschaft eingesetzt werden, um Schädlinge zu töten

2. die **Vermischung** dieser Insektizide zu einem noch giftigeren Cocktail

3. **Monokulturen**, weil sie einseitige Nahrung bieten

4. die ständige **Ausdehnung des menschlichen Lebens- und Nutzraumes**

5. die **Zerschneidung von Lebensräumen** durch z. B. Autobahnen

6. **Klimawandel** und dadurch verändertes Blühverhalten und

7. **Lichtverschmutzung**, die die Orientierung stört

Ihr jetzt wahrscheinlich so: „WTF, nichts davon kann ein einzelner Mensch ändern, ich baue grad keine Autobahn und betreibe auch keine Monokultur im Vorgarten, was soll ich also tun?" Zwei Dinge sind für eine Art besonders wichtig: Lebensraum und Nahrungsangebot. Und diese beiden Dinge können wir auch als einzelne Menschen beeinflussen. Der Lebensraum wilder Bienen und Insekten wird weniger. Was wir also brauchen, ist eine Art sozialer Wohnungsbau für Maja und Willi. Starten wir das größte Bauprogramm, das die Insektenwelt je gesehen hat! Wie man ein aufwärtskreiselndes Insektenhotel aus natürlichen Materialen baut, habt ihr in Abschnitt 059 gelesen. Zum zweiten Punkt, dem Nahrungsangebot: Im folgenden Abschnitt findet ihr u. a. eine Liste mit Pflanzen, die Bienen und andere Insekten besonders gerne mögen. Damit ihr auch etwas davon habt, haben wir euch dazugeschrieben, was die Pflanzen für den Menschen bringen können. Pflanzt sie einfach in euren Garten, auf euren Balkon, euer Fensterbrett – oder werft beim nächsten Spaziergang im Grünen wild mit Samen um euch.

Im Namen von Maja und Willi: Danke!

062 BFFs der Krabbler – Bestäuber-Freundliche Flanzen

Na, habt ihr ein Fleckchen im Garten oder ein Eckchen auf dem Balkon über für sinnvolle Pflanzen? Pflanzen, die nicht nur Bienen, sondern alle bestäubenden Insekten lieben? Gut so! Und ihr habt auch noch etwas davon, denn diese Pflanz-Ideen lieben Menschen *und* Tiere. Achtet am besten bei eurer Auswahl darauf, dass ganzjährig etwas blüht, dann gibt es immer was zu futtern für die Gäste, die euch dann besuchen.

- Einen hellen, aber nicht sonnigen Platz und nährstoffreiche Böden braucht die **Johannisbeere**. Sie blüht von April bis Mai. Was ihr davon habt, brauchen wir euch ja nicht zu erklären.

- **Löwenzahn** ist verdammt noch mal kein Unkraut! Lasst ihn stehen. Er bietet Bestäubern unfassbar viel Nektar und blüht von April bis Juni. Menschen können Salat aus ihm machen oder draufpusten.

- Wenn ihr viel Platz habt, pflanzt doch einfach einen **Apfelbaum**. Viele Blüten für Bestäuber, viele Äpfel für euch und weit und breit kein Arzt in Sicht.

- Eine Nummer kleiner wieder, aber genauso lecker: die **Himbeere**. Braucht es ebenfalls hell, aber keine Sonne und blüht im Mai und im Juni. **Brombeeren** lieben die kleinen Brummer ebenso.

- Kategorie „unter dem Radar": das **Gänseblümchen**. Ideal, weil es lange blüht, nämlich von Mai bis Ende September. Was der Mensch davon hat, außer einem schönen Blick über die Wiese: Gänseblümchen sind essbar. Und zu Kränzen flechtbar.

- Auch **eine Menge Kräuter**, die ihr in der Küche nutzt, freuen die Bestäuber. Hummeln und Bienen fliegen Lavendel, Salbei, Rosmarin, Oregano oder Thymian genauso gerne an, wie ihr damit würzt.

- Zurück in den Garten, weil das kleine Töpfchen am Balkon euch nicht reicht: Pflanzt **Sonnenblumen**. So ernährt ihr Bienen und andere Bestäuber, ihr selbst snackt Kerne.

So, und das waren nur ein paar Beispiele. Allgemein lieben die Bestäuber Pflanzen mit Blüten, die nicht gefüllt sind. Dann können sie leichter reinklettern. Und sie lieben ein abwechslungsreiches Nahrungsangebot. Deshalb ist Vielfalt wichtig, im Garten wie im echten Leben. Übrigens, wenn noch nicht das Richtige für euch dabei war oder ihr einfach noch Kapazitäten habt: Es gibt vorgefertigte Samenmischungen mit einem kunterbunten Überraschungsmix zu kaufen. Die muss man dann wirklich nur noch rumwerfen.

063 Abschwirren, bitte!
Natürlicher Insektenschutz

Ach wie schön, der Sommer kommt! Und mit ihm die langen warmen Nächte im Freien. Wo seid ihr gerade? Grillparty, Open-Air-Veranstaltung oder in der Natur unterwegs? Es könnte alles so harmonisch und entspannt sein. Wenn da nur nicht diese blöden Stechmücken wären. Die könnten einem schon auf die Nerven gehen. Könnten: Mit natürlichen Insektenschutz für sie und ihn und sowieso alle schwirren die Biester ab.

Blöde Mücken! Warum gibt es die überhaupt? Wollte uns da jemand ärgern? Wir können zwar nicht mit ihnen, aber ohne sie irgendwie auch nicht. Denn sie würden eine riesige Lücke in Ökosystemen hinterlassen, wenn sie nicht da wären. Die Larven, Eier und Mücken selbst sind Nahrungsquelle für viele Lebewesen. Wir brauchen sie also. Aber bitte nicht zu nah an uns dran. Es hilft also alles nichts, wieder einmal folgt der Griff zur Flasche. Zu einem Fabrikat dieser unzähligen Antimückensprays. Viele von denen enthalten Chemie, wobei *wir* uns wiederum gerne enthalten würden. Zumal, wird die überhaupt gebraucht? Wir hatten jetzt zumindest nicht das Gefühl, dass die alle zu jederzeit hundertprozentig wirksam gewesen wären. Warum also nicht auf natürlichen Mückenschutz umsteigen? Oder gar *selbst gemachten* natürlichen Mückenschutz?

Alles, was ihr benötigt, sind Alkohol (mindestens 40 Prozent), Wasser und ätherische Öle. Am besten eignen sich Citronella oder Eukalyptusöl, die sind auch in den meisten Produkten drin. Ihr könnt euch auch an anderen ausprobieren, vielleicht entdeckt ja ihr die Superformel. Wichtig ist nur, dass ihr euch sicher seid, gegen keinen der Inhaltsstoffe allergisch zu sein. Und dass ihr natürliche beziehungsweise Bio-Öle verwendet, um euch nicht sonst was auf die Haut zu schmieren.

Für eine 100-Milliliter-Sprühflasche nehmt ihr 4 Esslöffel Alkohol und 7 bis 10 Tropfen des Öles eurer Wahl. Den Rest gießt ihr mit abgekochtem Wasser auf. Und schon ist das hauseigene vegane, natürliche und Brumm-Berte verschreckende Antimückenspray fertig.

Ihr sprüht euch nicht gerne ein? Kein Problem, ihr könnt natürlich trotzdem mitmachen. Wir können die Biester nämlich auch mit selbst gemachten Duftkerzen oder heißen Ölschälchen vertreiben. Fragt eine Person, der ihr vertraut, oder das Internet, wie das geht. Ganz viel Spaß heute Abend, wo auch immer ihr da draußen unterwegs seid!

064 Nichtmähen — aus Liebe zur Vielfalt (und bestimmt nicht aus Faulheit)

- „Was machen Sie da?"
- „Ich nichtmähe."
- „Sie meinen, Sie mähen nicht?"
- „Nein. Ganz eindeutig: Ich nichtmähe."
- „Äh, okay kapiert, Sie liegen einfach faul unterm Apfelbaum."
- „Ganz und gar nicht. Nichtmähen bedeutet nicht mähen aus Überzeugung. Und das tue ich."

Wer einen Garten oder ein Stück Land mit Rasen oder Wiese hat, kennt das Problem: Es muss gemäht werden. Immer und immer wieder, soll ja schließlich ordentlich aussehen. Aber abgesehen davon, dass schon Generationen am Anspruch vom perfekten englischen Rasen zerbrochen sind: Das Mähen ist eine Arbeit, die erledigt werden muss und die keinen Spaß macht. Außer vielleicht man sitzt auf so einem coolen Rasentraktor. Aber den haben die wenigsten. Was aber die meisten haben: eine gewisse Liebe zu Arbeit, die man sich sparen kann. Hier kommen unsere Top-Ausreden, um das Mähen zu umgehen:

1. Ich würde ja gerne, aber durch den Motor und das Benzin werden Schadstoffe in die Luft geschleudert. Die sind nicht nur schädlich für die Umwelt, sondern auch für mich. Eine Sense ist ja leider nicht da.

2. Die Pflanzen haben ihre Samen noch nicht gebildet, ich muss noch kurz warten. Sonst können sie sich nicht vermehren.

3. Nein, nein, maximal vier Mal im Jahr reicht aus. So werden die Pflanzen geschont und stecken mehr Energie in die Blüte. Das wiederum bringt mehr Nahrung für Bienen. Und Bienen sind wichtig.

4. Was? Ach so nee, ich bin schon fertig, ich mähe immer nur ein Drittel (Viertel, Fünftel, beliebigen Bruchteil hier einfügen), damit die Insekten zu jeder Zeit ein Zuhause haben und Nahrung finden. Denn Insekten sind wichtig.

5. Ich glaube ja, dass es das Gerät schont und langlebiger macht, wenn ich es öfter in der Garage lasse.

6. Jetzt gleich? Um Himmels willen, nein! Ich kann erst Anfang Mai, Anfang Juni oder im September wieder mähen. Nur so können sich hier viele Arten ansiedeln.

7. Das Gras zusammenrechen und einsammeln? Kommt nicht in die Tüte. Ich lasse das immer rumliegen, damit es zu Dünger für den Boden und Nahrung für die Bodenlebewesen werden kann. Und Bodenlebewesen sind wi…!

8. Viva la Biodiversität!

9. Ähm, entschuldige mal, Alle anderen Lebewesen sind Teil des Planeten, genau wie wir! Sie alle erfüllen ihre Aufgabe, um die blaue Kugel, die wir unser Zuhause nennen, am Laufen zu halten! Wir Menschen haben uns sowieso schon viel zu sehr eingemischt. Wenn ich jetzt mit Nichtmähen dafür sorgen kann, dass vor der Haustür ein Ökosystem geschützt werden kann, dann finde ich, ich sollte genau das tun. Guten Tag!

065 In die Beete, fertig, los: der Aussaatkalender

	Tomate	Aubergine	Gurke	Kohlrabi	Frühlings-zwiebel	Lauch	Kartoffel	Gartensalat	Spinat
J					X	X			o×
F	X				X			X	o×
M	X	X		X	X	O	X	X	O
A		X	X	o×	O		o×	o×	O
M	O		O	o×	O		O	o×	O
J		O	O	o×			O	o×	O
J				o×				o×	O
A				O				o×	O
S									
O									
N									
D									

066 Wow, kann die viel: Pflanzt Luffa-Gurken!

Luffa, das klingt irgendwie so … fluffig? Ganz genau. Habt ihr auch Schwämme zu Hause? Also nicht nur die gelben in der Spüle, sondern auch die in Richtung Bad, mehr für den Körper? Ja? Ausgezeichnet. Und vorbildlich reinlich. Vergesst mal, woraus die alten Schwämme so gemacht sind, und pflanzt mit uns und den anderen, die Schwämme bisher nicht gekannt oder benutzt haben, eine Luffa-Gurke!

Die Luffa-Gurke wird wie eine normale Gurke behandelt, und dafür gibt sie euch hundertmal mehr zurück. Tausendmal. Ab Mitte März könnt ihr sie bei 20–25 Grad in feuchter Erde vorziehen. Wenn ihr nicht gerade an der Cote d'Azur residiert, also am besten drinnen. Sobald sich das zweite Blattpaar bildet, ab in den Topf damit. Nach den Eisheiligen – das ist zwischen Mitte Mai und Mitte Juni – wird sie flügge (das sagt man so), dann setzt ihr sie im Garten aus. Sie mag es sonnig bis halbschattig und steht noch lieber in einem Gewächshaus. Baut ihr aber vorher ein Gerüst, das ihrer würdig ist. Wie gesagt, sie wird sich noch erkenntlich zeigen. Nun können sich die Ranken hocharbeiten. Jetzt heißt es nur noch viel gießen (am besten aus der Regentonne!) und abwarten.

Oder auch nicht. Nach sieben bis 14 Tagen erntet ihr junge Gurken. Die passen gut in Suppe oder Eintopf. Im Prinzip könnt ihr sie genau wie Zucchini verwenden. Zwischendurch könnte ihr immer wieder Blätter von ihr abzupfen, sie schmecken super als Salat. Natürlich solltet ihr noch genug übrig lassen. Denn das Beste kommt erst noch: Wenn ihr 150 bis 200 Tage wartet, dann habt ihr fertige Früchte. Eure Schwämme sind fertig, wenn die Frucht gelb wird und die Schale kurz vorm Aufplatzen ist. Dann erntet ihr sie und lasst sie einige Tage trocknen. Wenn ihr sie schüttelt, hört sie sich wegen der losen Samen darin an wie eine Rassel. Jetzt schält ihr sie, wascht sie noch mal, und fertig ist euer nagelneuer nachhaltiger Schwamm.

Den Schwamm könnt ihr außerdem auch einfach in kleine Teile schneiden, um zum Beispiel Seife drauf abzulegen. Also, wenn ihr ihn nicht mit Spülmittel in der Küche oder zum Flächenreinigen benutzen wollt. Oder unter der Dusche für den Körper.

Wenn das Schwämmchen eine Pause braucht, packt es in die Waschmaschine oder spült es mit kochendem Wasser aus, dann wird es wieder munter. Wenn sein Tag allerdings einmal gekommen ist, begrabt es auf dem Komposthaufen, wo es euch ein letztes Mal mit seinen Nährstoffen dienen wird. Doch vergießt keine Träne: Es ist besser so, als erdölbasierte Produktabfälle zu entsorgen. Und außerdem ist in diesem Moment ein neues Schwämmchen erntereif.

067 Hohe Beetkunst: Hochbeet & Keyhole-Garden

Obacht, ungemütlich: Auf die Knie, jetzt wird gebeetet! Alle zusammen: Im Namen des Farnes, des Mohnes und des heiligen Salbeis … Hihi, nein, Spaß, niemand muss knien oder buckeln auf den nächsten Seiten. Aber beeten. Aber eben nicht normale Beete, die kennen ja alle. Man wirft Samen rein und holt Essen raus, wirklich super, übelst regional, gesund und legt euch alle eins an und ökologisch sinnvoll – aber eben bekannt.

Hier dreht sich daher erst mal alles um das **Hochbeet**. Interessant für alle, die schon mal mit schmerzverzerrtem Gesicht „AAHAHH mein Rücken!!" gestöhnt haben, oder Personen, die in hoher Frequenz Alte-Männer-Geräusche absondern (uff, mjatja, soooo, achgoddachgodd). Das Hochbeet kann alles, was das Standardbeet auch kann – nur dass man eben in angenehmer Arbeitshöhe vor sich hin werkelt. Es kann aber sogar noch mehr. Punkt 1: cool aussehen. Punkt 2: überall hinpassen, auch auf den Balkon. Punkt 3: immer angenehm hoch sein – die Höhe könnt ihr je nach eurer Größe und geplanter Bepflanzung wählen. Für Kräuter zum Beispiel etwas höher, wenn Tomaten drin wachsen sollen, dann etwas niedriger. Nicht, dass ihr für die Ernte eine Leiter braucht. Die Punkte 4, 5 und 6 (und jetzt geht's endlich um die Pflanzen) lauten: Sie wachsen gleichmäßiger, sind schneller reif und bringen auch noch mehr Ertrag. Wie das geht? Bei der Befüllung eures Beetes legt ihr verschiedene Schichten an (z. B. aus Erde, Kompost, grobem und feinem Grünschnitt), die die Pflanzen später optimal mit verschiedenen Nährstoffen versorgen. Wer gerne Pflanzenplanung betreibt, kann sich das Hochbeet auch in Kammern unterteilen und diese individuell befüllen und an bestimmte Pflanzen anpassen. Weniger düngen – das allein ist schon super. Aber es geht noch besser: Weniger Schädlingsbekämpfung ist auch noch drin! Wer sich ein wenig reinfuchst, überlegt sich vorher, welche Pflanzen kombiniert werden können, um Schädlinge natürlich fernzuhalten.

Und wie baut man so ein Ding jetzt? Eine ausgetüftelte und individuelle Bauanleitung werdet ihr von uns nicht bekommen, das machen die Kollegen von der Abteilung „Internet", wir können denen schließlich nicht die Arbeit wegnehmen. Nur so viel: In seiner simpelsten Form besteht ein Hochbeet aus Brettern aus dem Baumarkt, die ihr zu einem Kasten nagelt und mit Dreck befüllt. Pfosten wären auch noch ganz gut, aber da kennt ihr bestimmt jemanden.

Nicht fancy genug? Abneigung gegen Kästen? Dann haben wir hier noch den **Keyhole-Garten** für euch. Das ist auch eine Art von Hochbeet, die in trockenen und wasserarmen Regionen (ohje, Brandenburg?) genutzt wird. Keyhole-Gärten funktionieren unabhängig von der Bodenbeschaffenheit, bringen kaum Kosten mit sich und sind sehr ertragreich. Von oben betrachtet, erinnert dieser Beettypus an ein altes Schlüsselloch, daher der Name. Wir finden eher, es sieht aus wie eine Torte, von der sich jemand vorab ein Stückchen genehmigt hat. Egal, diese Aussparung ist jedenfalls dazu da, dass man auch die Mitte des Beetes ohne Probleme erreicht.

Im Unterschied zum Standardhochbeet ist der Keyhole-Garten also rund. Er ist aber auch anders aufgebaut. In die Mitte, ins Zentrum der Macht, packt ihr euren Kompost. Von dieser Mitte aus wird der Rest des Beetes mit nährstoffreichem Wasser versorgt. Denn gegossen wird auch in der Mitte. Das Wasser nimmt die Nährstoffe aus dem Kompost mit und verteilt sie im Beet. Für alle, die sich gerne mit Pflanzenanordnung beschäftigen, ist der Keyhole-Garten die perfekte Spielwiese. Wer will, kann durchaus auch eine Wissenschaft draus machen. Nur ob's dafür Bafög gibt, ist fraglich. Neben einer Mischkultur, die als natürlicher Insektenschutz gilt, könnt ihr die Pflanzen nämlich auch noch entsprechend ihrem Nährstoffbedarf setzen. Und nach der Sonne ausgerichtet. Und, und, und. Wir wünschen euch viel Spaß beim Ausprobieren und sind gespannt, was ihr da so großzieht. Und jetzt: Nicht lang schnacken, an die Hacken!

Lasset uns beeten!
Gez. Freie Glaubensgemeinschaft EGAG

068 Alles gute Erde — der Komposthaufen

So könnte Teil zwei dieses Buches heißen. Denn Kompost ist klasse. Müllvermeiden und aus Müll bessere Sachen machen wie zum Beispiel Dünger, das mögen wir einfach. Für alle, die selbst schon immer mal eine Mikroorganismenfarm eröffnen wollten: Hier zeigen wir euch, wie es geht und was ihr beachten solltet.

1. Die Lage, die Lage, die Lage

Komposte sind Immobilien, das wissen alle. Einmal aufgebaut, sind sie nicht mehr mobil. Deshalb wählt die Lage, die in diesem Metier bekanntlich alles ist, mit Bedacht. Euer Plätzchen sollte im Halbschatten liegen, gut begehbar sein und nicht zu weit entfernt vom

Arbeitsbereich. Und am besten so gewählt sein, dass sich niemand daran stört. Also nicht vor die Terrasse der Nachbarn (außer die sind doof). Und auch nicht vor eure Terrasse (außer ihr seid doof).

2. Der Aufbau

Ist die Lage gefunden, basteln wir uns dort einen Kasten mit Kantenlänge 1 Meter aus naturbelassenem Holz. Die Kompostierimmobilie ist recht vorteilhaft, weil wir kein Fundament aus Beton gießen müssen. Im Gegenteil, der Boden bleibt komplett weg, damit sich Lebewesen über den Boden ansiedeln können. Nur zu! Untermieter erwünscht! Die Box baut ihr so, dass sie an den Seiten Wind und Wasser durchlässt (zum Beispiel indem zwei Bretter längs legt und darauf zwei quer. Wie diese Stiftetürme, die immer alle in langweiligen Schulstunden bauen). Wenn ihr noch Maschendraht auslegt, haltet ihr ungebetene Gäste wie Mäuse fern. Es sind eben nur Tiere erwünscht, die den Mietspiegel nicht drücken.

3. Das Befüllen

Jede Immobilie will mit Leben gefüllt werden, sonst ist sie ein reines Spekulationsobjekt. Es muss also zuvorderst darum gehen, es den zukünftigen Bewohnern an nichts fehlen zu lassen. Das erste Drittel füllen wir deshalb mit nicht allzu grobem Geäst. Ins zweite Drittel kommen kleine Äste, Laub und Rasenverschnitt. Obendrauf packt ihr eure Garten- und Küchenabfälle.

4. Das Bewirten

Nach drei Monaten ist unser Kompost um etwa ein Drittel zusammengesackt. Dann setzen wir ihn einmal um. Am einfachsten mit einem anderen Behältnis, ansonsten im selben. So sorgt ihr dafür, dass alle Bewohner Luft bekommen und es allen gut geht. Nach sieben bis neun Monaten ist euer Dünger fertig. Siebt ihn dann einfach durch ein Gitter, um die groben Teilchen auszusortieren. Die kommen wieder in die Verlosung für den neuen Kompost.

5. **Was darf rein?**

   Rasenschnitt (leicht angetrocknet), Laub und Strauchteile, verwelkte Blumen, Kräuter und Unkraut (aber ohne Samen!), rohes Obst oder Gemüse, Tee- und Kaffeesatz (Klammern vorher entfernen), Eierschalen, Algen aus dem Teich.

6. **Was darf nicht rein?**

   Gekochtes Essen und Speisereste (vor allem tierische Reste locken Ratten an), Zitrusfrüchte, große Zweige, Äste und Wurzeln (so viel Zeit, bis die verrottet sind, haben wir nicht), kranke Pflanzen und alles, was Pestizide enthält, Aschereste, Windeln und Katzenstreu (damit bestreut man schließlich die Katze).

So! Abfälle los, Dünger gespart, trotzdem bestens gedüngt alles, und die Hauptsache ist einfach nur Warten – was will man mehr? Übrigens, du! Ja du, in deiner kleinen, aber feinen Stadtwohnung! Wir haben dich nicht vergessen. Wir mögen nur große Komposthaufen so sehr. Wir hoffen, du verstehst das. Es gibt aber auch kleine für die Wohnung oder den Balkon. Zum Beispiel in Form von Wurmkisten. Schau doch mal nach!

069 Das wächst auch ohne Chemie? Natürlicher Dünger

Nicht alle von uns haben einen Kompost zu Hause oder Tiere, deren Exkremente man im Garten verstreuen könnte, um die Pflanzen zu nähren. Aber bitte macht euch deswegen keine Sorgen. Hier kommen unsere Tipps, wie ihr ohne all das auskommt und eure Pflanzen trotzdem vollwertig düngen könnt.

Fangen wir mal mit den Küchenabfällen an. Vieles davon ist zu schade, um im Müll zu landen – vor allem wenn es noch so wunderbar genutzt werden kann. Schnappt euch alten **Kaffeesatz** oder **Eierschalen,** und mischt sie dem Boden bei. Alte **Teebeutel** könnt ihr noch eine Weile in die Gießkanne hängen, bevor sie das Zeitliche segnen. Seid ihr Staudenfrüchte-Connaisseurs? Dann schneidet **Bananenschalen** in kleine Stücke, lasst sie trocknen und mischt sie der Erde bei. Sie versorgen den Boden mit wertvollem Kalium.

Eine weitere Möglichkeit, natürlich zu düngen, sind **Hornspäne.** Wir wollen ja aber im Idealfall nichts kaufen und vielleicht auch gar keine fremden Hörner im eigenen Garten haben. Aber vielleicht ja die eigenen und kostenlos. **Fingernägel und Haare** enthalten wertvolle Inhaltsstoffe und sind bester Dünger.

Das war bisher eher Firlefanz für euch? Okay. Hier kommt die **Brennnesseljauche.** Sie kann sogar als Dünger *und* als Schädlingsbekämpfung eingesetzt werden. Ihr braucht einen Eimer, der nicht aus Metall ist (das würde unerwünschte chemische Prozesse in Gang setzen). Habt ihr einen? Gut, dann gehen wir jetzt zur Brennnesselplantage eures Vertrauens. Die nächstbeste befindet sich sehr häufig an Stellen, wo viel hingepinkelt wird. Beweisstück A: Autobahnraststätten-Klohäuschen und Seitenstreifen. Auf 10 Liter Wasser braucht ihr so etwa ein Kilo Brennnesseln. Also rechnet am besten vorher aus, wie viel es werden soll. Steckt die Nesseln in den/die Eimer und füllt Wasser auf. Legt eine Abdeckung darauf. Sie sollte nicht luftdicht sein, das Gebräu braucht Sauerstoff. So verhindert ihr, dass etwas Unerwünschtes hineinfällt. Wenn ihr ab und zu umrührt, sollte nach ein paar Tagen die Gärung einsetzen. Nach zwei oder drei Wochen ist eure Jauche dann einsatzbereit. Verdünnt sie im Verhältnis 1:10, bevor ihr sie benutzt, das ist übles Naturgebräu. Für junge Pflanzen ist 1:20 vielleicht sogar noch besser. Der perfekte Naturdünger! Der Extrakt versorgt Pflanzen mit allem, was sie brauchen, um anständige Früchte auszubilden. Um die Mixtur gegen Blattläuse zu benutzen, füllt ihr das Gemisch in eine Sprühflasche und zeigt den Biestern, was eine Jauche ist. Sie kann nämlich auch sehr gut Schädlingsbekämpfung.

Aber vergesst nicht: Aus großer Düngekraft folgt große Düngever-antwortung: Überdüngt die Pflanzen nicht, denn die Wissenschaft dünkt, das ist schädlich für sie. Erkennen könnt ihr es unter anderem daran, dass die Blätter einen braunen Rand bilden. Dann solltet ihr den Dünger reduzieren und euren Düngeplan überprüfen. Damit es gar nicht so weit kommt, wäre es clever, sich vorher zu informieren, welche Pflanzen was, wie viel und wie oft brauchen.

070 Do-it-yourself-Biogas für zu Hause

Kennt ihr Home-Biogas? Das ist der Hammer, Leute, wir überlegen schon, wo wir so ein Ding parken. Wenn ihr also noch nie davon ge-hört habt, wird es jetzt allerhöchste Eisenbahn. Damit könnt ihr näm-lich aus Küchen- und Gartenabfällen Gold herstellen. Also fast. Nicht dass wir jetzt hier ein paar Alchemisten verschreckt haben, die in ihren Mittelalterwerkstätten noch immer nach der Formel suchen (keep it up, guys!). Aber etwas, das Gold wert ist: Gas zum Kochen. UND: flüssiger Biodünger. Aus Müll. Das ist ja wie Weihnachten oder ein anderes tolles Fest mit Geschenken und Essen!

Aber mal ganz von vorne. Das Teil sieht aus wie ein großer, stabiler und geschlossener Sack. So weit, so gut. Hinten schaut ein bisschen, na ja, nennen wir es Gerohre raus, vorne steckt ein großer Trichter. Der Sack besteht aus zwei Kammern. Die untere ist gefüllt mit Mikroorganis-men. Die füttert ihr mit euren Bioabfällen und Pflanzenresten, sie küm-mern sich dann um den Rest. Mikroorganismen – der perfekte Service-partner an Ihrer Seite. Durch das Zersetzen bilden sich Biogase, die in der oberen Kammer gelagert werden. Außerdem bildet sich flüssiger Dünger. Einfach so, on top! Den könnt ihr hinten abzapfen.

So, und jetzt wird es richtig krass: Euer Privat-Gaskraftwerk ist über einen Anschluss mit einem Gaskocher verbunden, mit dem ihr dann

Essen zubereiten könnt. Ja, richtig, mit selbst produziertem Biogas aus Bioabfällen. Letztere wollten wir ja sowieso, wo es geht, vermeiden.

Den Dünger, der noch so nebenbei anfällt, verteilt ihr im Garten, auf den Zimmerpflanzen oder auf dem Balkon. Dann schießt das Zeug aus dem Kraut – und produziert bestimmt mal wieder Müll für euch, den ihr ins Kraftwerk packt. Steckt ihn einfach in die Anlage und lasst die Organismen den Rest organisieren. Ein richtig runder, sauberer Kreislauf, oder? Einer der Luken hatte schon selbst so ein Gerät und war sehr begeistert von der Idee. Es hieß nur „die Kuh", weil es sich fürs Füttern immer so ausgiebig revanchiert hat. Wie soll eures heißen?

071 Die Regentonne — it's raining money!

Liebe Grundbesitzerinnen, liebe Strebergärtner, liebe Alle-Leute-mit-einem-Dach-über-dem-Kopf!

Typen, die euch reich machen wollen, gibt es echt genug. Und wir gehören auch dazu. Zeit für eine einzigartige, nachhaltige und seriöse Investitionsmöglichkeit.

Wir bieten euch heute die überhaupt nicht einmalige Gelegenheit, bares Geld zu verdienen. Und alles mathematisch abgesichert. Okay, nicht verdienen, sondern eigentlich sparen, und wenn man ehrlich ist, auch nicht bar, sondern in Form von Wasser. Wir brauchen dafür: eine Regentonne und ein Dach. Und Regen.

Investieren heißt Geld einsetzen, um Geld zu vermehren. Wir investieren Geld in eine Regentonne. Danach geben wir fürs Gießen oder wofür das Wasser sonst verwendet werden soll – im Idealfall – nie wieder Geld aus. Denn Wasser aus der Leitung kostet Geld. Nicht sehr viel, aber doch so viel, dass sich das Umsteigen lohnt. Ihr glaubt uns nicht? Dann macht euch selbst ein Bild. Packt den Rechenschieber aus, jetzt wird kalkuliert!

Nehmen wir an, wir kaufen uns eine stinknormale Regentonne: Sie fasst 300 Liter und kostet um die 50 Euro (Fassungsvermögen und Preis sind natürlich variabel, überlegt euch also, was für euch am sinnvollsten ist).

Um die Mathematik zu diesem Tänzchen zu bitten, brauchen wir neben Fassungsvermögen und Preis noch drei andere Werte: Niederschlagsmenge, Wasserpreis und Dachfläche.

- Niederschlagsmenge: Rund **800 Liter** (ist gleich 800 mm/m²) fallen **im Durchschnitt** über Deutschland pro Jahr vom Himmel. Das haben wir nicht erfunden, die Daten gibt's beim Umweltbundesamt.

- Wasserpreis: Ein Liter Wasser aus dem Hahn kostet **im Schnitt 0,2 Cent pro Liter.**

- Dachfläche: Wenn wir annehmen, dass der Regen exakt senkrecht fällt (nicht ganz realistisch, hier aber praktisch), reicht die Grundfläche eures Hauses. Plus ein wenig mehr, da das Dach ja meistens ein bisschen übersteht. Beispielhaft nehmen wir hier mal die Grundfläche einer Doppelhaushälfte – ca. 80 m². Wir halbieren den Wert, weil wir mit einer Tonne gewöhnlich nur die Hälfte des Wassers abgreifen, macht **40 m².**

Mit diesen Werten können wir jetzt ausrechnen, ab welchem Zeitpunkt sich die Investition in eine Regentonne rentiert. Wenn ihr genauere Werte als unsere Standardwerte wollt, setzt einfach eure in die Gleichung ein. Das gilt besonders für den durchschnittlichen Niederschlag sowie für die Dachfläche.

1. Wir beginnen mit halbierter „Dachfläche" mal „jährlicher Regendurchschnitt" ist gleich „alles, was pro Jahr gratis auf dem Dach landet und ohne Regentonne einfach versickert":

$$40 \times 800 = 32.000 \ Liter.$$

2. Jetzt „alles, was auf dem Dach landet", geteilt durch „Tage im Jahr", ergibt die „Liter, die pro Tag durchschnittlich auf der halbierten Dachfläche landen":

$$32.000 \div 365 = 87{,}67 \text{ Liter pro Tag}$$

3. Dann „Fassungsvermögen" geteilt durch „Durchschnittsliter auf halber Dachfläche pro Tag" ist gleich „Tage, die es dauert, bis unsere Regentonne gefüllt ist, wenn es jeden Tag gleich viel regnen würde":

$$300 \div 87{,}67 = 3{,}42 \text{ Tage}$$

4. Jetzt rechnen wir aus, was eine Tonnenfüllung („Fassungsvermögen") von 300 Litern wert ist, wenn man als Preis 0,2 Cent pro Liter anlegt:

$$300 \times 0{,}002 \text{ Euro} = 0{,}6 \text{ Euro oder } 60 \text{ Cent}$$

5. Mit diesem Wert berechnen wir, wie oft wir die Tonne voll werden lassen müssen, damit sich der „Kaufpreis" rentiert: 50 Euro geteilt durch 0,6 Euro ergibt 83,33 Tonnenfüllungen, bis aus Geldverschwendung eine lohnende Investition wird.

6. Diese „Tonnenfüllungen" bis zum – Achtung: *Return on Investment* mal „Tage, die zur Füllung benötigt werden", also 83,33 × 3,42, bringt uns, meine Damen und Herren und Divers, zum **Endergebnis**: 284,99 Tage dauert es im vorliegenden Beispiel, bis sich die ausgegebenen Euro unter perfekten Bedingungen rentieren.

Ab da spart ihr theoretisch 87,67 Liter, die ihr jetzt auffangt, multipliziert mit dem Leitungswasserpreis von 0,002 Euronen pro Liter, also: 87,67 × 0,002 = 0,18 Euro pro Tag. Macht 65 Euro und 70 Cent pro Jahr, die man für cooleres Zeug als Leitungswasser ausgeben kann – da fällt sicher allen was ein. Noch 'ne Tonne auf der anderen Seite ergibt doppelt so viel Cash, jährlich über 130 Euro. *It's raining money.*

Übrigens, für alle, die nicht an Mathematik glauben: Regenwasser ist grundsätzlich besser für Pflanzen, weil das Wasser aus der Leitung in Deutschland sehr oft einen hohen Kalkanteil hat.

Groß gedrucktes Kleingedrucktes:

Zum Schluss vielleicht noch ein wenig Regenwasser in den Wein: Denkt bei unseren und euren Berechnungen bitte daran, dass hier viel mit Gleichverteilungsannahmen und Durchschnittshokuspokus hantiert wurde. Also sind die Ergebnisse nur theoreeetisch und unter Idealbedingungen zu betrachten. Eine gewisse Realitätsferne gehört zu wirtschaftlichen Modellen vielleicht einfach dazu. Immerhin hat's ohne binomische Formeln funktioniert.

072 Steingärten — Gartenstil, an dem sich die Geister scheiden (eine argumentative Diskussionshilfe)

Stein, oder Nichtstein?

Rosen sind rot,
Veilchen sind blau,
in Steingärten nicht,
die sind scheiße und grau.

Leben ist tot,
Vielfalt ist mau
Das kann es nicht wert sein,
das weißt du genau.

Es kriecht kein Wurm,
Es zirpt keine Grille,
Niemals ein Vöglein singt,
Im Garten herrscht tödliche Stille.

+++ **Menschen, denen Steingärten gefielen, mochten auch:** +++ Alleine im SUV umherfahren und weinen +++ langweilige, eintönige Sachen +++ Urlaub auf den Osterinseln +++ Harry Potter und ein Stein +++ Petrus – die Biografie +++ steinige, beschwerliche Wege +++ Kiesgruben+++ Steinchen im Schuh +++

III
Besser Einkaufen

073 Wer keinen See pullern kann, kauft secondhand

Bestimmt haben viele von euch schon mal vom langen Lebensweg der Jeans gehört. Für alle, die ihn nicht kennen oder in der Schule mal wieder nicht aufgepasst haben, hier noch mal eine kleine Auffrischung (vorausgesetztes Wissen: Jeans baut man aus Baumwolle):

Die Baumwolle wird in Kasachstan gepflückt, von dort geht's weiter in die Türkei, wo daraus Garn gesponnen wird. Aus diesem Garn wird in Taiwan dann Jeansstoff hergestellt. Und nachdem er mit der Farbe aus Polen in Tunesien eingefärbt wurde, wird der Stoff in Bulgarien veredelt. Fertig? Quatsch! Die Jeans wird dann in China mit Knöpfen (aus Italien) versehen und mit Futterstoff (aus der Schweiz) vernäht. Zu guter Letzt gibt es einen Feinschliff in Frankreich. Et voilà, ist die Jeans auch schon fertig.

Jetzt ist uns natürlich klar, dass nicht alle unsere Kleidung 60.000 Kilometer zurücklegt (lächerliche eineinhalb Mal um den Äquator) und bei der Produktion auch noch 8.000 Liter Wasser verbraucht. Trotzdem werden alle unsere Klamotten auf die eine oder andere Weise hergestellt, und circa 90 Prozent von dem, was wir in Deutschland bekommen, stammt aus Asien. Viele unserer Kleidungsstücke sind aus Baumwolle, für die wir einen sehr hohen Preis Wasser zahlen. („Hä, spinnt ihr jetzt, ihr Luken? Man bezahlt mit Geld!") Schon richtig, aber: Baumwollfelder brauchen viel Wasser, das dann auch noch teilweise mit Pflanzenschutzmittel oder Dünger verunreinigt wird. Bei der Weiterverarbeitung werden dann wieder Chemikalien eingesetzt, die zum Beispiel zur Veredelung der Kleidungsstücke beitragen.

Ein Beispiel für den verheerenden Wasserverbrauch ist der Aralsee, der auch zur Bewässerung von Baumwollfeldern benutzt wurde. In den 1960er-Jahren hatte er ungefähr die Größe von Bayern. Er war somit der viertgrößte Binnensee der Welt. Ein Meer fast. Aber: Bis 2015 hatte er dann nur die Größe von der Hälfte Thüringens. Eine Pfütze im Prinzip. Für alle, denen das jetzt nicht anschaulich genug ist mit diesen ganzen Geografiecodewörtern: Der See ist von soooooooooooooooooooooooooooooooooooooooooooooooooooooooooooooooooooooo groß auf sooooooooo groß geschrumpft (jedes „o" steht für 1.000 km²). Das ist aber nicht alles, auch Flora und Fauna haben sich drastisch verändert. Viele Pflanzen- und Tierarten sind verschwunden. Wo einst ein See war, befindet sich eine Wüste. Und vielleicht ist schon bald gar kein Wasser mehr da.

- *„Okay, okay, Lukas & Lukas, ihr habt uns, wir sind kurz vorm Heulen, genug mit den Depri-Facts, was können wir dagegen tun?"*

Na ja, wir persönlich können den See natürlich nicht zurückbringen. Auch dann nicht, wenn wir alle zusammen hinfahren und reinpullern. Was wir aber tun können, ist, daraus zu lernen: Bevor wir uns etwas Neues zulegen, sollten wir einfach mal schauen, ob es auch gebraucht zu haben ist.

Es gibt mittlerweile sehr viele **Secondhandläden**, in denen man Kleidung kaufen kann. Benutzen wir die. Eine Sportjacke aus den 80ern ist sowieso cooler als alles, was es momentan so gibt (keine Sorge, wer was Moderneres will – das gibt's da schon auch). Auch für alte **Möbel** gibt es diese Möglichkeit. Wer nicht große Lust hat, sich zu bewegen, kann auch von zu Hause aus auf diversen Flohmarkt-Apps oder -Seiten stöbern. Denn alles, was nicht extra produziert werden muss, schont die Umwelt (und spart meistens auch einiges an Geld). Das Ganze funktioniert übrigens auch umgekehrt: Alles, was ihr zu viel habt und nicht mehr benutzt, könnt ihr an jemanden weitergeben, der sich darüber freut und es nicht neu kaufen muss.

Secondhand ist also super. Wenn Secondhand ein mathematisches Symbol wäre, dann wäre es ein Istgleich-Zeichen: Secondhand zu kaufen ist gleich genauso gut wie Secondhand anzubieten. Kramt euch zu Hause mal durch, es findet sich immer etwas, das verschenkt oder zu

Geld werden kann. Und nach dem Mathevergleich habt ihr euch jetzt noch ein wenig Lyrik verdient:

Hast du Krempel drin in deinem Haus,
räum ihn aus der Bude raus.
Mag er dir selbst auch noch so wertlos scheinen,
ein andrer fängt vor Freude an zu weinen.
Also sei kein Wicht
und horte nicht.
Amen.

074 Hä, so sieht Müsli aus? — Im Unverpackt-Laden

Wir alle haben schon einmal von Unverpackt-Läden gehört. Oder vielleicht sogar schon mal in freier Wildbahn beobachtet. Und gaaanz vielleicht war die eine oder der andere auch schon mal drin. Was solche Läden bringen, ist ziemlich eindeutig: unnötigen Verpackungsmüll sparen. Stellt euch vor, man sieht da auch noch wirklich, was man kauft. Nicht was sich das Marketing ausgedacht hat, um die *Customer Experience* im zweiten Quartal noch intensiver zu gestalten. Die einzige *Experience* von Lebensmitteln ist verdammt noch mal im Mund! Und *wir* reduzieren was von dem riesigen Müllhaufen, den die Europäer jedes Jahr produzieren (laut *taz* 500 Kilo pro Kopf in 2019, Deutschland: 600). Das Absurde ist: Wir bringen super viel Müll vom Einkaufen mit nach Hause. Aber das muss zum Glück nicht so sein. Alles, was dafür nötig ist, sind Behälter wie Dosen und Schraubgläser. Davon habt ihr eh einige zu Hause rumstehen, würden wir wetten. Für alle, die jetzt noch keine klare Vorstellung von Unverpackt-Läden haben, hier das Konzept einmal knackig zusammengefasst:

U   Unsere
N   Natur
V   Verlangt
E   Eine
R   Rigorose
P   Plastikvermeidung!
A   Alle
C   Coolen
K   Kids
T   Transportieren
L   Lebensmittel
A   Abfallfrei
E   Entgegen
D   Dem
E   Entzückenden
N   Null-Müll-Zeitalter

Fühlt ihr euch bereit? Ihr könnt es ehrlich sagen. Ach kommt, Leute, wir kennen uns jetzt schon so lange. Ihr würdet schon echt gerne, aber ihr traut euch noch nicht so ganz, ne? Verstehen wir komplett, neue aufregende Erfahrung und so, Angst, was falsch zu machen, … Deshalb haben wir eine Kleinigkeit für euch vorbereitet: Hier sind unsere **Top-Sätze, um im Unverpackt-Laden garantiert gut zurechtzukommen:**

- „Äh, ich bräuchte 30 Kilo Buchweizen, wie viel ist das bitte in Tupperdosen?"
- „Wie, das ist kein Stückpreis? Ich habe vorhin da hinten eine halbe Stunde lang Erbsen gezählt!"
- „Hammerkrass, wie geil die Leinsamen diese Woche wieder aussehen!"
- „Herr Ober, zapfen Sie mir ein Gläschen von Ihrem besten Hygienespüler!"
- „Ich wollte Sie nur darauf hinweisen, dass die Plastiktüten alle sind."
- „Darf ich mit dem Regencape überhaupt rein?"
- „Meine Kumpels und ich haben eine Flat bei Ihnen gebucht. Wir legen uns jetzt da unter die Ballonflasche mit dem Tafelessig, und Sie drehen den Hahn auf, okay?"
- „Ich meine, es wär doch total LUSTIG, wenn hier WIRKLICH alles unverpackt wäre, dann müsste man so durch alles durchwaten und mit den Händen SCHAUFELN und würde gar nix mehr finden, lol … oder? He, gehen Sie nicht weg!"
- „Entschuldigung, meinen Kumpels und mir ist dahinten ein kleines Malheur mit den Flaschen passiert. Jetzt ist alles voll köstlicher Vinaigrette …"

075 Nonkonformes Gemüse —
die Charta der Gurkenrechte

Gemüse aller Länder, vereinigt euch! Noch immer werden weite Teile von uns unterjocht! Und zwar nur wegen ihres AUSSEHENS! [Reaktionen abwarten] Ja, genau! Unsere Brüder und Schwestern, die die optischen Ansprüche der Menschen nicht erfüllen, sie verrotten da draußen auf irgendwelchen Feldern! Sie darben in Tonnen! Sie werden verlacht und verspottet! Und das, obwohl manche Menschen gar kein Gemüse haben! [Bezahlte Buh-Rufer rufen „Buh!"] Ja, ihr empört euch zu Recht, meine Freunde! Sehet hier, was ich euch mitgebracht habe, zum Beweis der menschlichen Überheblichkeit gegen das Gemüse. Mehr noch, besonders gegen die Klasse von Gemüse, das keiner Norm entspricht. Lest hier einen Auszug aus den ehemaligen europäischen Qualitätsnormen für Gurken, dort heißt es für die Gurken der sogenannten „Klasse Extra":

Gurken dieser Klasse müssen von höchster Qualität sein und müssen alle sortentypischen Merkmale aufweisen. Sie müssen:

- *gut entwickelt sein,*
- *gut geformt und praktisch gerade sein (maximale Krümmung: 10 mm auf 10 cm Länge der Gurke)*
- *eine für die Sorte typische Färbung haben,*
- *frei von Fehlern sein, einschließlich aller Formfehler, insbesondere solcher, die auf die Samenentwicklung zurückzuführen sind*

(Auszug: Verordnung (EWG) Nr. 1677/88 der Kommission vom 15. Juni 1988 zur Festsetzung von Qualitätsnormen für Gurken)

[Im Idealfall abfällige Rufe und höhnisches Gelächter] Obst- und Gemüsegenossinnen und -genossen! Ich weiß gar nicht, wo ich bei dieser

Verordnung anfangen soll! Ist es die Pflicht zu guter Entwicklung? Wie soll das gehen ohne bessere Bildung und mehr Kindergeld? Ist es die Forderung nach Fehlerfreiheit? Jesus, den die Menschen vielfach verehren und der auch unter uns Öbsten und Gemüsen einige Anhänger hat, brachte die Botschaft, dass niemand ohne Fehler ist! Wie können sie es da von uns verlangen? Soll ich nicht wachsen, wie es mir am besten passt und wie ich Nährstoffe finde, nur weil ein Mensch das so will?? [Rufe der Zustimmung] Ich wünschte, Genossinnen und Genossen, ich hätte mir diese Verordnung von 1988 ausgedacht. Aber leider ist es nicht so. Sie ist zum Glück nicht mehr gültig, aber das Fatale für uns Obst und Gemüse ist: Viele Händler folgen ihren Vorgaben immer noch! [Empörung, Lage wird zusehends unübersichtlich] Wir fordern, dass dieses totalitäre und gemüseverachtende Regime zu Ende geht! Befreien wir uns vom Joch der Obsttyrannei! Lassen wir uns nicht mehr in Klassen einteilen! Nie wieder! Von diesem Tage an lasst euch nie wieder einreden, dass ihr zu krumm seid oder zu gerade, zu dick oder zu dünn. Solange eure inneren Werte dieselben sind, seid ihr gut, UND ZWAR SO, WIE IHR SEID! [Einige Karotten fallen vereinzelt in Ohnmacht.]

Der Weg wird nicht einfach, aber wir gehen ihn gemeinsam. Wir brauchen eure Unterstützung, um den Wandel einzuleiten. Wir sind da draußen, und unsere Existenz kann von den Mächtigen und den Menschen nicht länger geleugnet werden! Unterstützt uns in eurer Nähe, durch euch wachsen wir, durch euch erhält jedes fehlerhafte Gemüse eine Stimme. Nicht nur eine Stimme, sondern überhaupt erst einen Sinn [Pause für ergriffenes Raunen]. Wenn ihr dafür seid, dass Gemüse, das keinen Schönheitsnormen entspricht, ansonsten aber völlig knackig und gut ist, genauso wertvoll sein kann wie die Gurken der Klasse Extra, dann schließt euch uns an! Wir sind immer in eurer Nähe! Kommt auf die Märkte, zu vereinzelten Initiativen oder direkt zu Landwirten, wo wir angeboten werden. Geht mit uns den Schritt in eine sinnvollere, gleichberechtigtere und nachhaltigere Zukunft.

Saisonkalender 1: Das richtige Obst (regional) frisch und zur richtigen Zeit

Monat	Apfel	Birne	Erdbeere	Heidelbeere	Himbeere	Johannisbeere	Kirsche	Pflaume	Quitte	Weintraube
J										
F										
M										
A										
M			X							
J			X	X	X	X	X	X		
J		X	X	X	X	X	X	X		
A	X	X		X	X	X	X	X		
S	X	X		X	X			X		X
O	X	X							X	X
N									X	
D										

158

077 Saisonkalender II: Junges frisches Gemüse (regional) und zur richtigen Zeit

	J	F	M	A	M	J	J	A	S	O	N	D
Aubergine						X	X	X	X	X		
Blumenkohl					X	X	X	X	X	X	X	
Champignons	X	X	X	X	X	X	X	X	X	X	X	X
Tomate							X	X	X			
Frühlings-zwiebel					X	X	X	X	X	X		
Paprika						X	X	X	X	X		
Lauch								X	X	X	X	X
Kohlrabi					X	X	X	X	X	X		
Spargel				X	X	X						
Zucchini						X	X	X	X			
Salatgurke					X	X	X	X				

078 Ausdrücklich keine Kifferlektion: die perfekte Tüte

Wir möchten mit euch über Tüten reden. Nicht welche mit *Amnesia Haze* oder *Schwarzer Afghane*, aber trotzdem mit Stoff. Also im Idealfall. Denn es gibt mehrere Tütenmodelle zur Auswahl. Nur – welche Tüte hat welche Eigenschaften, und was ist die perfekte Tüte?

Die **Plastiktüte** ist zwar nicht so schlecht wie ihr Ruf, aber sie ist und bleibt ein Wegwerfprodukt. Es macht einfach keinen Sinn, sie auf Erdölbasis herzustellen und nach einem Mal Benutzen in den Müll (ins Meer) zu werfen. Solltet ihr nicht drum herumkommen, eine zu benutzen, dann verwendet sie so oft wie möglich wieder. Zum Beispiel beim nächsten Einkauf, als Müllbeutel oder von uns aus auch als Badehaube. Dann war ihre Existenz nicht ganz so sinnlos.

Denkt man gar nicht, aber **Papiertüten** sind genauso unsinnig wie ihre Kollegen aus Plastik. Zwar werden sie aus nachwachsendem Material hergestellt. Aber die Nachfrage nach Holz ist groß, greift also Ökosysteme an. Und die Produktion der Tüten verbraucht sehr viel Energie und Wasser. Um stabil zu sein, müssen die Fasern außerdem chemisch behandelt werden. Eine Tüte aus Papier muss daher dreimal so oft verwendet werden wie eine aus Plastik, um die gleiche Klimabilanz zu erreichen. Und wenn man ehrlich ist: Niemand macht das. Besser sind nur Tüten mit dem Blauen Engel, die aus mindestens 80 Prozent recyceltem Material bestehen. Aber auch hier gilt: benutzte Tüten so oft wie möglich wiederverwenden!

Für lose Ware wie Gemüse, Obst und Backwaren eignen sich **Polyesterbeutel** ganz gut. Sie sind zwar auch aus Plastik, aber dafür reißfest, handlich und recht ressourcenarm produziert. Also optimal zum Immer-und-immer-wieder-Verwenden.

Kommen wir zur **Stofftasche** beziehungsweise zum **Jutebeutel**. Baumwolle braucht sehr viel Wasser, um zu wachsen. Gerne werden auch massig Pestizide drübergekippt, um den Ertrag sicherzustellen (achtet also am besten auf Bioware, noch besser: fair gehandelte Bioware). Es gibt unterschiedliche Studien dazu, ab wann sich ein Baumwollbeutel aus Klimasicht lohnt. Wir haben sie alle gelesen, auswendig gelernt und würden sagen: Ab 150-mal Benutzen ist euer Jutebeutel so gut wie eine Plastiktüte. Erst ab dem 151. Mal ist er besser. Wenn ihr zweimal die Woche damit einkaufen geht, lohnt sich der Beutel also erst nach 1,4 Jahren. Einen Stoffbeutel voller Stoffbeutel zu Hause zu bunkern ist damit aus ökologischer Perspektive in etwa so sinnvoll, wie Rollrasen in der Sahara zu verlegen.

Last, but not least: der **Weidenkorb**. Er ist aus Holz und handgefertigt, und wenn man damit nicht wegen der letzten Papaya am Regal aufeinander eindrischt, theoretisch auch für immer haltbar. Falls seine Zeit doch einmal gekommen ist, könnt ihr ihn einfach kompostieren. Der Weidenkorb hält auch großes Gewicht aus. Für den geplanten Einkauf perfekt, für den ungeplanten leider unpraktisch. Wir würden euch trotzdem raten: Legt euch einen Korb zu, wartet nicht darauf, dass euch jemand einen gibt.

Was nehmen wir aus diesem Abschnitt mit?

- Unsere Einkäufe
- Gebt Einweg keine Chance!
- Wenn ihr Einweg doch eine Chance gebt, verwendet es so oft wie möglich wieder!
- Stofftaschen sind cool (wenn man sie bis zum bitteren Ende benutzt)
- Immer einen Beutel dabeihaben (schützt vor unnötigen Käufen)
- Wer's mit Tüten übertreibt, hat ein Drogenproblem.

079 Gedanken zu Fleischeinkauf und -verzehr

… für vegan lebende Menschen:
Händedruck (mit beiden Händen, evtl. Tränen)

… für Vegetarier:innen:
anerkennende Schulterklopfer und Dankesrede

… für alle, die dann noch übrig bleiben:
Puh. Sensibles Thema. Stichwort Freiheit und Verbote und so weiter. Wo sollen wir also anfangen? Am besten mit schonungsloser Ehrlichkeit. Hin und wieder essen auch Lukas & Lukas Fleisch. Wir sind daher überhaupt nicht in der Position, euch moralische Vorhaltungen über euren Fleischkonsum zu machen. Deshalb machen wir das auch nicht. Unsere Vorhaltungen sind vielmehr gesundheitlicher Art. Und ökologischer. Und sozialer. Alle bereit? Bisschen müsst ihr schon mitmachen, sonst wird das hier zäher als ein 2-Euro-Nackensteak.

Internetrecherchen auf Statistikseiten belegen uns: 70 Kilogramm Fleisch isst jede und jeder Deutsche pro Jahr. – „Ja, öhm, okay, 70 Kilo klingt erst mal viel, aber das ist ja nur so eine zehntel Milchkuh, die wiegt 700?" – Ja, klingt nicht viel. Bis man Menschen fragt, die sich mit Ernährung auskennen. Die Deutsche Gesellschaft für Ernährung (DGE), und die muss es wissen, empfiehlt für Erwachsene 300 bis 600 Gramm Wurst und Fleisch (interessant, diese Unterscheidung) pro Woche. Zu viel Fleisch ist ungesund: Es ist beispielsweise mit einem höheren Herzinfarktrisiko verbunden, kann den Blutdruck oder Cholesterinspiegel erhöhen und so weiter. Diese Empfehlung der DGE rechnen wir jetzt mal auf 52 Wochen im Jahr hoch. Einfach, damit sich der Matheunterricht mal wieder bezahlt gemacht hat:

$$52 \times 0,3 \, kg = 15,6 \, kg$$
$$52 \times 0,6 \, kg = 31,2 \, kg$$

Moment mal, und 70 kg essen wir tatsächlich im Schnitt? Das ist ja das ...

$$70 \, kg : 31,2 \, kg = 2,24$$
$$70 \, kg : 15,6 \, kg = 4,49$$

... das Zwei- bis Viereinhalbfache, Leute?? Ja, spinnen wir hier alle miteinander? Wenn die Ärztin sagt, bitte dreimal täglich einnehmen, machen wir das doch auch nicht einfach sechs- bis 13-Mal! Wir sind gerade wirklich sehr aufgebracht. Aber auch und besonders in solchen Momenten müssen wir ganz ehrlich zu euch sein: Die etwa sechs Millionen vegan oder vegetarisch lebenden Menschen sind da noch gar nicht drin (für die in der letzten Reihe: Das bedeutet, dass der Pro-Kopf-Konsum sich noch mal erhöht. Wenn einige gar kein Fleisch essen, muss ja jemand anderes mehr essen). Also wichtigster Grund, um weniger Fleisch zu essen: die eigene Gesundheit.

Zweiter Grund: Solche Krankheiten verursachen enorme Kosten im Gesundheitssystem. Kosten, die man sich eigentlich sparen könnte und die aus unser aller Geld finanziert werden.

Grund Nummer drei: Wer die Doku *Cowspiracy* gesehen hat, weiß: Nutztiere und deren Nebenprodukte sind verantwortlich für 51 Prozent, mehr als die VERDAMMTE HÄLFTE, der weltweiten Emissionen an Treibhausgasen. Dazu zählen neben unserem alten Freund CO_2 auch die längerfristig wesentlich schädlicheren Kollegen Lachgas und Methan. Wer weniger Fleisch ist, hebelt also an einem ganz gewaltigen Hebel. Dazu kommt: Reiche Länder haben einen sehr hohen Fleischkonsum, dort leben aber vergleichsweise nur wenige Menschen. Sogenannte sich entwickelnde oder aufstrebende Länder oder wie auch immer man sie nennen möchte, erhöhen mit dem Wohlstand auch ihren Fleischkonsum. Das kann man beobachten und messen. Und häufig sind diese Länder sehr bevölkerungsreich. Die Gulaschkanone explodiert, die Fleischdämme sind gebrochen! So viel Fleisch, wie dann gebraucht würde, könnten wir nicht annähernd herstellen, wenn wir nicht den Pazifik zuschütten wollen, was ja dann wieder ein anderes Problem wäre. Die Wahrheit ist also: Nicht nur aus gesundheitlicher Sicht, sondern auch aus ökologischer Sicht müssen wir dringend runter mit unserem Fleischkonsum. Wer will, darf gerne noch den sozialen Aspekt mit reinnehmen. Oder gar den des Tierwohls.

Gibt es so weit bis hierhin Fragen? An alle, die wir bis hierhin *so gar nicht* überzeugt haben, dass es vielleicht eventuell möglicherweise angeraten wäre, über den eigenen Fleischkonsum zumindest mal *nachzudenken*: Danke fürs Mitmachen, wir brauchen euch hier nicht länger, Tschüssi, Tschau mit au. Und an alle, die sagen: „Warum so barsch, ihr Luken? Ich hätte auch ohne harte Worte gerne darüber nachgedacht": Sorry, Leute, aber das liegt an denen, die gerade gegangen sind. Zu denen muss man knallhart sein.

Dann können wir ja jetzt weitermachen mit möglichen Lösungen. Vorneweg: Was wir nicht können, ist, euch Tipps zu vegetarischer oder veganer Ernährung zu geben. Da sind andere besser. Was wir aber machen können: Fleisch reduzieren. Als wäre es eine Bratensoße.

- **Schritt 1:** Fleischkonsum durchgehen. Hand aufs Hühnerherz, wie viel Fleisch pro Woche oder pro Tag esst ihr wirklich? Hier ist es wichtig, wirklich alles mitzuzählen: die Wurst auf dem Brot, jegliches Fleisch beim Mittagessen, das Frikadellchen für zwischendurch, Beef Jerky im Bus, Salami-Sticks (pikant) in der Nachttischschublade und so weiter.

- **Schritt 2:** Nachdenken.

- **Schritt 3:** Die richtigen Fragen stellen. Zum Beispiel: Muss es morgens ein Wurstbrot sein, oder ist Marmelade eh viel geiler? Befriedigt mich das sehnige und knorpelige Mexikana-Steak (4er-Pack für 3 Euro) wirklich *so sehr*? Gibt es da *nichts* Besseres? Wäre es okay, statt des Beef Jerky ein Gläschen Spreewald-Gurken zu knuspern? Und warum zur Hölle überhaupt pikante Salami-Sticks im Schlafzimmer?

- **Schritt 4:** Alternativen finden und auswählen.

- **Schritt 5:** Essen planen. Überlegt euch für die nächste Woche, was ihr essen wollt. Geht daraufhin die verschiedenen Gerichte auf ihren Fleischanteil durch. Wenn ihr zufrieden seid, so lassen – wenn nicht, könnt ihr vielleicht einzelne Gerichte ersetzen oder verschieben.

- **Schritt 6:** Alternativen benutzen. Die Zeit, in der Fleischersatzprodukte nach Achselhöhle geschmeckt haben, sind vorbei. Mittlerweile gibt es sehr viele gute Alternativen zu Fleisch (zum Beispiel Tofu, Weizen- oder Erbsenerzeugnisse). Nutzt die! Das Gericht schmeckt trotzdem ausgezeichnet (relativ zu euren Kochkünsten), es ist gesünder, ihr schont die Umwelt und die Tiere. Unsere Empfehlungen, besonders für Einsteiger: Spaghetti bolognese mit vegetarischem Hack oder selbst gemachte Burger mit vegetarischen Patties. Sowieso gilt allgemein:

- **Schritt 7:** Das eigene Lieblingsgericht vegetarisch denken und ausprobieren.

- **Schritt 8:** Trotz weniger Fleisch auf nix verzichten. Vitamin B12 gibt's zum Beispiel in Linsen (übrigens auch ein hervorragender Fleischersatz), Eiweiß unter anderem aus Sprossen.

- **Schritt 9:** Findet eure eigenen Regeln und euren eigenen Umgang. Niemand will irgendwas verbieten, es geht um euren eigenen Zugang zum Thema und eine angemessene Wertschätzung für Fleisch. Wie wäre es zum Beispiel mit *back to the Sonntagsbraten*?

- **Schritt 10:** Wenn ihr Fleisch kauft, dann am besten in guter Qualität aus der Region. Das muss man sich leisten können, klar – aber wir sparen ja jetzt auch einiges. Schmeckt nicht nur besser, man muss sich auch weniger Gedanken um Tierwohl, multiresistente Keime, Brandrodung und was noch alles machen. Aber: Aus Klima- und Globale-Grenzen-Sicht ist selbst die regionalste und biologischste Art des Fleischverzehrs nicht gesund für den Planeten. Deshalb müssen wir runter. Bums, aus, Labskaus.

Wenn wir diese zehn Schritte berücksichtigen, ändern wir schon einiges. Viel Spaß beim Ausprobieren, viel Spaß beim Nicht-mehr-so-aufgebläht-sein nach dem Essen!

Ach, ein's noch, Leute. Lasst uns das mit den Witzen über Vegetarier und Veganer vielleicht doch einfach lassen. Es war lange lustig, wir haben sehr gelacht, aber jetzt ist gut. Nach Lage der Dinge und Durchsicht der Fakten ist es sowieso ein Wunder, dass die noch keine über uns machen.

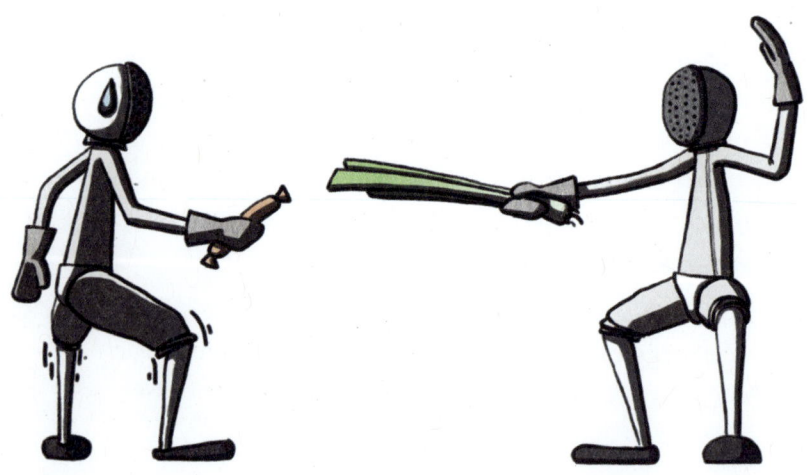

080 Fisch ist nicht Wurst —
Gedanken zum Fischeinkauf

Klar, Fisch ist nicht Wurst. Aber irgendwie doch schon. Wir könnten jetzt hier nämlich das Gleiche erzählen wie beim Fleisch. Wir würden wieder davon reden, dass es weniger werden muss, dass planetare Grenzen beachtet werden müssen, zumindest bis die Rückseite vom Mond freigegeben wird und so weiter. Aber das haben wir ja alles schon gesagt. Also präsentieren wir euch hier einfach die harten Fakten, die übrig geblieben sind, als wir das Schleppnetz wieder eingeholt haben: Pro Kopf essen wir heute doppelt so viel Fisch wie vor 50 Jahren. Und gleichzeitig haben sich die Fischbestände im selben Zeitraum halbiert. Eine Lose-lose-Abwärtsspirale, auwei, auwei. Da hilft auch keine Zucht, die Tiere dort haben es auch nicht besser, ökologisch gesehen, ist es ebenfalls nicht gut. Außerdem wird Lachs aus solchen Aufzuchten gefärbt. Im Ernst, man kann den mit einer Farbpalette bestellen und bestimmen, ob es lieber ein knalliges Orange oder ein zartes Rosé sein soll. Mehr brauchen wir dazu dann wahrscheinlich auch nicht zu sagen. Weniger. Einfach weniger.

Zweimal Fisch im Monat ist okay – das wäre einigermaßen im Einklang mit planetaren Grenzen und Populationsgrößen. Wenn ihr Fisch kauft, dann am besten heimische. Petri Heil und allzeit eine Handbreit Beifang. Und da wir beim Fleisch auch eine Doku empfohlen haben, tun wir hier das Gleiche. Schaut *Seaspiracy*. Da erfahrt ihr noch mehr, zum Beispiel auch, wie viel von Siegeln und Zertifizierungen in der Fischerei zu halten ist.

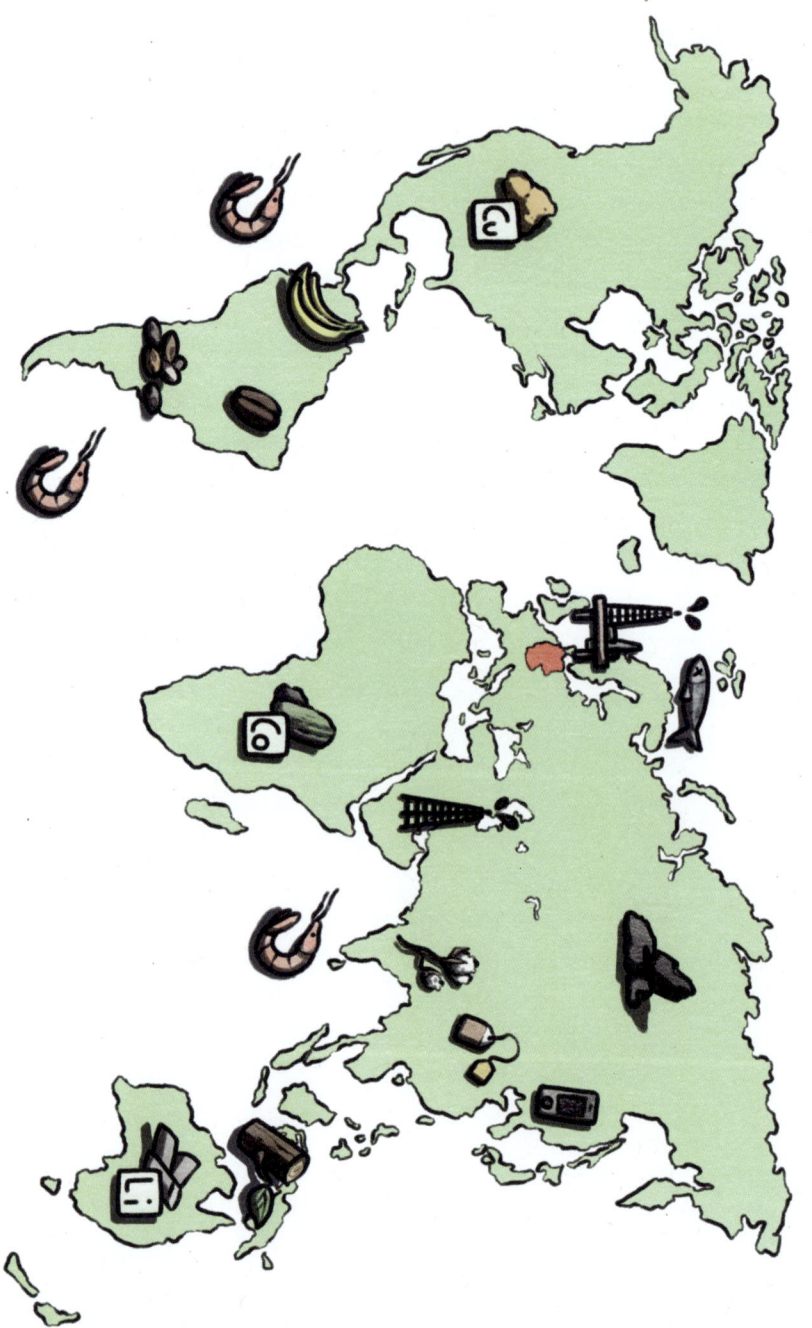

082 Vom Wasser im Wagen und Tagen zum Baden

Pflanzen, Tiere, Menschen – Wasser brauchen irgendwie alle zum Leben. Da wäre es doch unfair, mit dem Nassen zu prassen, oder? Das meiste Wasser landet im Einkaufswagen. – „Wie jetzt, der hat doch Löcher?!"

Dass für die Produktion von einem Kilo Avocados, also etwa vier Stück, 1.000 Liter Wasser benötigt werden, haben sicherlich viele von euch schon gehört. Rindfleisch, vielleicht genauso bekannt und noch viel krasser, braucht etwa 15.500 Liter pro Kilo. Textaufgabe, nur so zum Spaß: Wie viel Wasser braucht ein Berliner Hipster, der 4 Avocados die Woche zum Frühstück isst und einmal die Woche ein 250 g-Stück Angus Beef im Steakhaus ordert? Antwort, nur so zum Spaß: 253.500 Liter oder 1.690 Badewannen pro Jahr. Davon hätten 1.690 Mittelaltermenschen ein Jahr lang baden können, Leute!

Und jetzt? Fleisch verbieten? Avocados verbieten? Alles, was Spaß macht und gut schmeckt, aus dem Speiseplan streichen? Nö. Aber mal ein bisschen Orientierung, bitte! Fakt ist: Alle Lebensmittel brauchen Wasser, um zu wachsen – nur eben unterschiedlich viel. Die Seite *warenvergleich.de* hat sowohl die zehn Lebensmittel mit dem höchsten Wasserverbrauch als auch die zehn mit dem niedrigsten aufgelistet.

Kakao	27.000 l
Röstkaffee	21.000 l
Rindfleisch	15.490 l
...	...
...	...
Kartoffeln	210 l
Karotten	130 l
Tomaten	110 l

Diese Gegenüberstellung soll jetzt nicht alle Lebensmittel in gut und böse aufteilen. Viel eher wollen wir euch drei Dinge zeigen. Erstens: Anstatt ein Kilo Rindfleisch zu produzieren, könnte man mit der gleichen Menge Wasser 140 Kilo Tomaten reifen lassen. Zweitens: Wer drei Löffel Kakao anstatt vier in seine Milch packt, benutzt 25 Prozent weniger Pulver, spart also auch 25 Prozent Wasser oder 6.750 Liter pro Kilo Kakao (45 Jahreskarten fürs Baden im Mittelalter). Drittens zeigt ein Blick auf die zehn Lebensmittel mit dem niedrigsten Wasserverbrauch pro Kilogramm etwas Interessantes: Die meisten wachsen auch in unseren Breiten und können regional angebaut werden. Der lange und damit unökologische Transportweg fällt weg bzw. kann deutlich reduziert werden. Hinzu kommt, dass Wasser in einigen Regionen der Welt, auch in denen, aus denen wir unsere Früchte beziehen, ein knappes Gut ist. Regionale Produkte lohnen sich in diesem Fall also doppelt.

Vielleicht fällt euch mit diesem Wissen die Entscheidung leichter, was ihr essen wollt und wie viel – und welche Auswirkungen das hat. Wie immer gilt: Jede Kleinigkeit zählt, jeder Schritt in die richtige Richtung hat einen Einfluss. Wir sind gespannt, wie vielen Mittelaltermenschen ihr zu einem Bad verhelft.

Übrigens: Wer nicht auf Avocados verzichten will, kann welche aus Misch- oder Biokulturen kaufen. Dort wachsen sie zwischen anderen Pflanzen und Bäumen, was der Umwelt weniger schadet.

083 Alu ist buh*

Ihr fragt euch „Was?" und macht ganz leise „Huh"
Seit wann ist bitte Alu buh?
Ich pack da immer meine Brote rein,
und jetzt soll alles madig sein?
And're Materialien so viel schwächer.
Aus Alu ist das Dach von jedem Joghurtbecher.
Auf den Grill leg ich die Schalen,
der Hut schützt super vor den Strahlen,
und für hohen Produktionsaufwand
zahl ich gerne Dosenpfand.

Mensch, halt ein, die Sache ist nicht ganz so rund.
Medizinischer Verdacht: Aluminium ist ungesund.
Doch wie oben dargestellt und praktisch Fakt:
Mit Alu kommst du häufig in Kontakt.
Zum einen also muss der Körper nicht so leiden,
wenn wir Alu, wo es geht, vermeiden.
Und wer noch nicht bereit ist, Alu zu verfluchen,
Kann gern mit uns den Regenwald besuchen.

Denn um Alu nach Rezept zu brauen,
muss man erst Bauxit abbauen.
Und vorher noch, es ist ein Grauen,
Werden massig Bäume umgehauen.
Lebensraum von Mensch und Tier verschwindet,
weil ein and'rer Alu super findet.
Übrig bleibt am Ende sogenannter Rotschlamm –
Matschepampe, in der mehr als Kot schwamm.
Drin enthalten: gift'je Chemikalien,
die zerstören Naturalien.

Problematisch! Sollten wir verhindern!
Jawohl! Und den Unfug durch Recycling mindern.
Drum trenne Alu ab vom Rest vom Müll,
Wer erfolgreiches Recycling will.
Pack die Stulle ruhig in Dosen rein.
Keine Sorge — sie bleibt trotzdem fein!
Die Wegwerf-Grillschale jetzt zweite Wahl,
nicer ist ein Grillstein oder was aus Edelstahl.
Die Drinks lieber frisch gemixt als aus der Dose.
Prost, auf euch, und atmet locker durch die Hose.

* Differenzierung!
Fordert ihr und droht mit Zoff,
Ist Alu nicht für manch ein Ding genau der richt'je Stoff?
Habt mit eurem Einwand schon ganz recht,
Alu ist nicht immer schlecht.
Nur am Ende kommt's halt darauf an,
wie oft man's wirklich nutzen kann.
Ist es nur einmal zu gebrauchen,
kannst du's in der Pfeife rauchen.

IV
Freizeit & Halligalli

084 Internet & Stromverbrauch — Unfunny Facts

Das Internet ist Fluch und Segen zugleich. Manche können nicht mit ihm, andere längst nicht mehr ohne. Damit das Internet läuft, braucht es Strom. Viel Strom. Tendenz steigend. Immer mehr Geräte sind mit dem Internet verbunden, wie zum Beispiel Kühlschränke oder gleich ganze Häuser. Dazu kommen natürlich die „klassischen" internetfähigen Geräte. Selbst wenn *ihr* Energie spart und Geräte ausschaltet – Rechenzentren sind durchgängig an den Strom angeschlossen. Sie dürfen nicht überhitzen und brauchen eine Temperatur zwischen 22 und 25 Grad. Ansonsten müssen sie klimatisiert werden. Da entsteht einiges an Abwärme. Und je nachdem, wie der Strom erzeugt wird, auch einiges an CO_2. Sie werden jedenfalls nicht alle aus erneuerbaren Energien betrieben, so viel ist sicher.

Aber, das wissen wir mittlerweile, wo Strom verbraucht wird, kann er auch gespart werden. Beim Musikhören könnt ihr anfangen. Wenn ihr noch CDs zu Hause habt, legt doch mal wieder eine von denen ein. Muss ja nicht immer gestreamt sein. Gleiches gilt für runtergeladene Musik.

Um Videos anzuzeigen, wird viel Energie gebraucht. Bei Videos, die ihr eher anhört als anschaut, schraubt die Videoqualität, so weit es geht, nach unten.

Fotos und Videos speichert ihr am besten auf externen Festplatten. Die verbrauchen nur Strom, solange sie angeschlossen sind. Alles, was online gespeichert ist, verbraucht irgendwo Energie. Löscht daher zum Beispiel auch regelmäßig E-Mails. Keine-Werbung-Aufkleber könnt ihr auch digital umsetzen: raus aus den Newslettern, die ihr sowieso nicht lest! Genauso weg mit automatischen Benachrichtigungen, die ihr nicht lest.

Accounts, die ihr mal für was auch immer angelegt habt, jetzt aber nicht mehr nutzt, können auch weg. Ansonsten bleiben sie irgendwo da draußen, mäandern in irgendeinem Rechenzentrum vor sich hin und werden krank, weil sich niemand für sie interessiert.

Daneben gibt es noch alle möglichen Statistiken, wie viel eine Suchanfrage an CO_2 kostet und wie viel für eine Stunde Streaming rausgehauen wird. Da sind Zahlen aber häufig unterschiedlich, und sie verändern sich. Wir werden deswegen hier jetzt mal keine genauen Zahlen nennen. Wir wollen euch lieber etwas anderes bewusst machen: Alles, was wir im Internet machen, hat irgendwo auf der Welt Konsequenzen. Man sieht sie nicht, aber sie sind trotzdem da. Solche Fälle hatten wir ja jetzt schon einige Male während der Lektüre. Das Prinzip dürfte also verstanden sein. Daher: Überlegt euch bei allem, was ihr im Internet so anstellt, ob sich das lohnt. Niemand verbietet euch Streaming. Aber ihr könnt wenigstens überlegen, ob ihr Energie sparen wollt – oder ob ihr der Welt mitteilen wollt, was es heute zum Frühstück gibt.

085 Fortfahren, Fortgehen, Fortbewegen – ein CO_2-Vergleich

Hier wollen wir euch nur mal einen kleinen Vergleich aufzeigen, welche Fortbewegungsarten wie viel CO_2 verbrauchen. Die Angaben des Ausstoßes sind pro Personenkilometer, heißt also wie viel das Fahrzeug pro Kilometer ausstößt in Relation zu den Insassen beziehungsweise der Auslastung. Mit wie vielen Personen genau gerechnet wird, kann man nicht sagen, da die Auslastung relativ angegeben wird. Ein Jet von Duisburg nach Dresden, der zu 70 Prozent ausgelastet ist, hat noch 30 Prozent freie Plätze, verbraucht aber leider trotzdem so viel, wie ein Jet von Duisburg nach Dresden eben braucht. Das muss also auf die anwesenden Fluggäste verteilt werden. Ein Auto, das voll unterwegs ist, verbraucht pro Kopf weniger CO_2 als eines, in dem nur eine Person unterwegs ist. So gesehen, ist ein Auto voller Clowns aus Emissionen-pro-Kopf-Perspektive ausgezeichnet. Zu Fuß gehen (oder Rad fahren!) bleiben aber die Nummer 1.

Im Auto sind im Schnitt 1,5 Personen unterwegs, die Emissionen pro Kilometer betragen 147 Gramm CO_2 (diese und alle folgenden Daten in diesem Abschnitt haben wir von der Seite vcd.org.). Linienbusse, Straßenbahnen und U-Bahnen sind zu etwa einem Fünftel ausgelastet. Der Bus haut 80 Gramm pro Kilometer raus, die Bahnen 58. Züge im Nahverkehr sind zu 28 Prozent gefüllt und landen bei 57 Gramm CO_2 pro Kilometer. Der Fernverkehr ist noch effizienter: Mit etwas über 50 Prozent Fahrgästen verbrauchen die Züge 32 Gramm CO_2 je Kilometer. Ihr merkt, es wird langsam weniger und effizienter. Fernbusse sind ungefähr gleich ausgelastet wie der Fernverkehr. Sie benötigen nur 29 Gramm für die gleiche Strecke. ABER ES WIRD NOCH MAL MEHR: Das Flugzeug ist dran. 71 Prozent Auslastung, unfassbare 230 Gramm je Kilometer. Und wer fliegt, tut das nicht nur für einen Kilometer. Das sind gewöhnlich mehr. Gleicht das aus! Oder besser: Lasst das mit dem Fliegen, wenn ihr könnt. Das Beste zum Schluss: Fahrrad und zu Fuß gehen. Die Auslastung kann uns dabei egal sein. Pro Kilometer haut ihr mit dem Rad 0 Gramm (in Worten: null) CO_2 raus. Wie sieht's aus mit zu Fuß gehen? Überraschung, recht ähnlich: 0 (null) Gramm je Kilometer. Radeln und laufen könnt ihr also, so viel ihr wollt. Bus und Bahn sind natürlich auch okay.

Geht weise mit diesen Informationen um. Wir sprechen uns hier wieder, wenn die Flugtaxis ein relevanter Faktor sind.

086 Reifen flicken

Radfahren ist hip, Radfahren ist cool, Radfahren ist angesagt. Im Prinzip ist Radfahren so ziemlich das Nachhaltigste, was man tun kann – na gut, abgesehen von cool rumstehen oder eine Pflanze sein vielleicht. Und egal, ob wir in der Stadt oder auf dem Land unterwegs sind: Viele Strecken, den Weg zum Einkauf, zur Arbeit oder zur Schule, können wir mit dem Rad erledigen. Ist gesund, schont Umwelt und Geldbeutel. Klassische Win-win-win-Situation.

Doch wie der Angelsport hat auch der Radsport in der Regel einen Haken. Vielleicht hat es euch noch niemand gesagt, Leute, wenn wir die Ersten sind, tut es uns aufrichtig leid, aber: Wer Rad fahren will, muss auch Reifen reparieren können. Denn, so viel haben wir mittlerweile über den Menschen herausgefunden: Damit sich etwas langfristig durchsetzt, muss es auch bequem und bezahlbar sein. Und egal, ob ihr mit dem E-Lastenrad zum Picknick über den Brenner brettert, ob ihr euch mit dem Bambusrad durch den Großstadtdschungel schlängelt oder ob ihr einfach nur die alte Tretmühle von der Arbeit nach Hause treten wollt: Irgendwann, ihr wisst es ganz genau, irgendwann erwischt es uns alle mal: Der Reifen ist platt, *rien ne va plus*. Nichts geht mehr, außer uns, wir müssen nämlich absteigen und schieben. Aber eines, geschätzte Mitradlerinnen und Mitradler, eines wollen wir dann nicht hören: „Gna gna, ich weiß nicht, wie das geht, keine Zeit, das zur Reparatur zu bringen, und das kostet immer so viel und fünününü", und dann steht das Rad wochenlang rum, und wir fahren doch wieder Auto. Und deshalb werden wir jetzt gemeinsam diesen Reifen reparieren. Ihr habt fünf Minuten Zeit, um das Werkzeug zu richten (oder es euch auszuleihen). Wir schauen auf die Uhr.

Los geht's! Mit gerichtetem Material und ein wenig Routine sind wir hier übrigens in 20 Minuten durch. Und fünf davon sind einfach warten. Cool, oder? Ihr braucht:

- am besten ein paar Lumpen oder alte Decken
- Ring- oder Maulschlüssel (haben auf der einen Seite 'nen Ring und auf der anderen ein Maul oder nur Ringe und Mäuler), meist in Größe 15
- Inbusschlüssel (sechskantig, L-förmig)

- einen flachen, stumpfen stabilen Gegenstand (z. B. einen hinten abgerundeten Löffelstiel)
- Flickzeug (Flicken divers, Schmirgelpapier, Kleber), kostet nur wenige Euro
- wasserfesten Marker
- einen Eimer, maximal ein Drittel gefüllt mit Wasser
- eine passende Luftpumpe
- ggf. jemanden der mitmacht, weil's lustiger ist
- ggf. ein Radler

1. Zuallererst stellen wir das Rad auf den Kopf, damit wir entspannter arbeiten können. Lumpen oder Decken verhindern Kratzer am Rad.

2. Mit dem Maul-/Ring-/Schraubenschlüsseldingens lösen wir die beiden großen Schrauben in der Mitte, die das Rad befestigen.

3. Mit dem passenden Inbusschlüssel lockern wir außerdem die Bremse. Das geht meistens in der Nähe der Bremsklötze.

4. Wenn sich bei der Aktion alles um das hintere Rad dreht: Schaltwerk nach hinten drücken, um die Kette zu lockern, Reifen vorsichtig aus der Gabel nehmen. Ist der Reifen vorne platt, einfach vorsichtig herausziehen.

5. Falls noch welche drin ist: die restliche Luft entlassen, also Ventil öffnen und den Ring am Hals abschrauben. Dann mit dem Löffelstiel gegenüber vom Ventil unter den Mantel gehen, um ihn auf einer Seite über die Felge zu hebeln. Wir hebeln einmal rundherum.

6. Dann drücken wir den Ventilschaft aus der Felge und nehmen den Schlauch vorsichtig heraus.

7. Wir pumpen den Schlauch ein wenig auf und halten ihn beim Ventil unter Wasser in den Eimer. Wir drehen ihn dort einmal komplett im Kreis, bis wir wieder beim Ventil ankommen. Dort, wo die Luftbläschen aufsteigen, ist unser Loch!

8. Schlauch abtrocknen und die Stelle direkt mit dem Marker kennzeichnen. Luft wieder raus.

9. Schlauch nach Flickzeugherstellerangaben flicken (in der Regel: Stelle mit Schmirgelpapier aufrauen, Kleber auf die Stelle, fünf Minuten antrocknen lassen, Flicken drauf, feste drücken, fertig).

10. Profitipps für Effizienzmonster: In der Fünf-Minuten-Pause zum Antrocknen könnt ihr mal das Mantelinnere abtasten, ob da noch was drinsteckt. Schlauch, nachdem auch der Flicken festsitzt, noch mal zur Probe unter Wasser halten. Das Wasser noch irgendwie nutzen.

11. Jetzt drücken wir den Schlauch wieder in den Mantel und das Ventil durch das Loch und fixieren mit der Mutter. Einfacher geht's, wenn der Schlauch dabei leicht aufgepumpt ist.

12. Wir setzen das Rad zurück in die Halterung. Aber richtig herum! Entscheidend ist das Muster auf dem Mantel, das eine Rolle für die Wasserverdrängung spielt. Wenn ihr euer Rad normal vor euch stehen seht, machen die Mäntel, von vorne betrachtet, ein V-Muster, von hinten ein V, das auf dem Kopf steht. Das Wasser muss nach dem Bodenkontakt nach außen wegfließen. Nur steht das Rad ja gerade auf dem Kopf. Viel Spaß beim Köpfeverrenken!

13. Wir ziehen die Radmuttern wieder an und fixieren auch die Bremse wieder. Reifen noch komplett aufpumpen, Rad wieder umdrehen, alles schön wieder aufräumen. Und schon sind wir fertig!

Wie wir sehen: hat nicht lange gedauert, hat nicht viel gekostet, endlich wieder Rad fahren! Win-win-win eben.

Übrigens, wenn ihr schon gewisse Erfahrungen habt, wie oft eure Bereifung so beliebt zu plätteln, fragt doch bei eurem nächsten Besuch im Fahrradladen eures Vertrauens nach unplattbaren Reifen. Vielleicht lohnen die sich für euch.

087 Geizen und Gönnen —
so geht spritsparendes Fahren

Römisch Eins: Du sparst am meisten Sprit, wenn du das Auto stehen lässt (HAHAHA, omg, Comedy-Preis bitte).

Spaß beiseite, es gibt Situationen und Strecken, für die braucht man das Auto. Und viele haben kein cooles, teures neues Elektroauto, sondern einfach ein Auto. Wenn du sparsam fährst, freut sich nicht nur die Umwelt: Du kannst dein Geld dann auch für anderen überteuerten Kram an der Tanke ausgeben als für Sprit. Folgende Tipps können dir helfen, mit dem Sprit zu geizen und der Umwelt zu gönnen:

1. Lass deinen **Motor nicht warm laufen**. Neben der Umwelt schadet das auch dem Motor und ist sogar verboten. Heißt auch: nach dem Start **direkt losfahren**. Spiegel einstellen, anschnallen, noch mal zurückrennen, weil du was vergessen hast, solltest du vorher erledigen.

2. **Schalte früh hoch** und fahr mit **niedriger Drehzahl**. Das schont nicht nur den Verbrauch, sondern auch den Motor: weniger Reibung, weniger Verschleiß. Konkret heißt das: Nur das Anfahren im Stand erfolgt im ersten Gang. Schon nach einer gefahrenen Wagenlänge kannst du hochschalten. Allgemein lohnt es sich, ab 2.000 Umdrehungen hochzuschalten.

3. Benutze die **Motorbremse**, indem du runterschaltest, statt zu bremsen. Im Unterschied zur Pedalbremse nutzt sie sich nicht ab. Funktioniert zum Beispiel sehr gut, wenn du auf eine rote Ampel zufährst oder wenn's bergab geht. Außerdem hört der Motor auf, von alleine zu schieben – der Spritverbrauch ist dann 0 (Ingenieure: Ihr seid die Besten).

4. Schaltet den **Motor aus**, wann immer es geht – zum Beispiel an einer Ampel, die gerade rot geworden ist, an einem Bahnübergang (hier sogar Pflicht) oder vor dem Haus von Freunden, die sowieso immer länger brauchen. Lohnt sich in der Regel schon ab zehn Sekunden. Je neuer das Modell, desto eher rentiert sich's. Die neuesten machen es von ganz allein.

5. Bitte **nicht heizen**! Also, jetzt nicht nur wegen des Sprits, wir brauchen dich noch! Bei etwa 110 km/h ist der Spritverbrauch meistens am effizientesten. Auf der Autobahn sind 100 bis 130 km/h ideal. Faustregel: Je schneller du unterwegs bist, umso krasser steigt der Verbrauch. Fahr einfach so, als säße Mami nebendran.

6. Fahr nicht SUV. Ernsthaft. Auch wenn's ein Hybrid ist.

7. **Fahre vorausschauend** (außer du hast den Rückwärtsgang eingelegt). Heißt konkret: Wahre den Sicherheitsabstand, rechne mit Fehlern von anderen, und beobachte den Verkehr. So vermeidest du unnötiges Bremsen und Anfahren. Je konstanter deine Geschwindigkeit, desto niedriger der Verbrauch und desto höher die Sicherheit.

8. Wenn du einen **Tempomat** hast, benutz ihn. Auch hier senkt die konstante Geschwindigkeit den Verbrauch.

9. Fahre nix Unnötiges durch die Gegend. **Mehr Gewicht** heißt **höherer Verbrauch.** Deine Ziegelsteinsammlung solltest du also nur einpacken, wenn du zur jährlichen Ziegelstein-Con fährst.

10. Prüfe regelmäßig (am besten alle zwei Wochen) deinen **Reifendruck.** Platte Reifen haben einen höheren Rollwiderstand. Widerstand kann man zwar brechen, das bedeutet aber viel Arbeit (siehe jedes totalitäre Regime).

11. **Vermeide Kurzstrecken**. Ein kalter Motor arbeitet wesentlich ineffizienter. Es lohnt sich deshalb, wenn du Strecken und Erledigungen kombinierst.

12. Achte darauf, den **Stromverbrauch** im Auto zu **reduzieren**. Ein Auto ist zwar sein eigenes Kraftwerk, es produziert aber Strom meistens nicht grün, sondern eben aus Benzin oder Diesel. Besonders viel Strom brauchen die Klimaanlage und die Heckscheibenheizung. Also am besten schnell wieder ausschalten, wenn du sie nicht mehr brauchst. Die gute Nachricht: Das Radio verbraucht fast gar nix!

088 Immer in Bereitschaft für die Fahrgemeinschaft

Du fährst regelmäßig Auto bzw. bist darauf angewiesen? Organisier dir unbedingt Fahrgemeinschaften! Hier erklären wir dir, warum. Weil es sich besser einprägt und um Zeit zu sparen: in Reinform, dann könnt ihr auch gleich weiterfahren.

> Fahrt ihr grad, egal wohin,
> sitzt hoffentlich noch jemand andres drin.
> Das Auto verbraucht massig Sprit.
> Pro Kopf wird's weniger, nehmt alle mit!
> Sucht euch doch für jede Strecke wen.
> Ja, gern! Nur wie, ist das Problem?
> Nur zu, seid nicht so verlegen!
> Auf der Arbeit fragt Kollegen.
> Ebenso im Sportverein
> Jemand wird doch wohl aus eurer Gegend sein?
> Und wollt ihr einmal weit hinaus,
> haut im Netz ein Posting raus.

BlaBlaCar heißt eine Seite,
da suchen Leute öfter mal das Weite.
Es merkte, wer schon mal alleine fuhr und saß,
Alleine macht das Ganze wenig Spaß.
Feinstaub, Sprit und Kohlenstoff sind es nicht wert,
dass jeder für sich selber fährt.
Verdient euch sogar noch was dazu,
gönnt Effizienz und Umwelt ihr Juhu!
Ein Risiko bleibt beim Mindern eurer Kosten:
Vielleicht erwischt ihr einen Pfosten.

089 Verdammt guter Stoff — in der Bastelecke mit Altkleidern und Stoffresten

Alle Dinge aus Stoff, die wir besitzen, sind grundsätzlich wertvoll und schützenswert. Baumwolle ist ein nachwachsender, natürlicher Rohstoff (auf die Gefahr hin, dass wir uns wiederholen: Kauft Biobaumwolle), der aber sehr aufwendig gewonnen werden muss (z. B. wasserintensiv, teilweise pestizidintensiv und daher belastend für Ökosysteme). **Regel Nummer 1** im Umgang mit Dingen aus Stoff lautet daher: Wir müssen sorgsam damit umgehen. Das Teil, das wir besitzen, ist immer besser als das, das wir neu kaufen. **Regel Nummer 2**: Oberteile, Jeans und andere Gegenstände aus Stoff sollten wir, wenn möglich, immer reparieren (lassen). Regel Nummer 3: Wenn mal was wirklich komplett hinüber ist, wir es nicht mehr flicken können oder Löcher in den Klamotten einfach out sind, landet es garantiert nicht in der Tonne! Da fädeln wir was ein! Um genau diese **Regel Nummer 3** soll es in diesem Abschnitt gehen. Wir zaubern Neues aus Altem, schonen die Umwelt und sparen uns den Ein-

kauf. Hier gibt's schon mal einige Ideen, aber wenn ihr selbst nachdenken wollt und noch bessere Einfälle habt, wäre das okay für uns. Ehrlich.
Ein bisschen kommt es auch darauf an, welche handwerklichen Fähig-
keiten ihr mitbringt. Es ist natürlich trotzdem für alle was dabei.

Das Einfachste vom Einfachen ist, euer altes Kleidungsstück zu zer-
schneiden und als Putzlappen zu benutzen. Neue kann man immer mal
wieder gebrauchen, und wenn wir ehrlich sind: Wir alle haben diesen
einen **Putzlappen** zu Hause, von dem wir nicht mehr wissen, welche
Farbe er ursprünglich hatte.

Es gibt aber auch weniger drastische Maßnahmen, um aus Altem Neues
zu schaffen. **Alte T-Shirts** könnt ihr ohne Nähen **zu Einkaufstaschen**
umfunktionieren. Schneidet Ärmel und Kragen ab. Zack, die Henkel
sind fertig. Jetzt braucht die Tüte noch einen Boden. Dafür schneidet ihr
Streifen in den unteren Teil des Shirts (etwa 10 Zentimeter lang und 1,5
bis 2 Zentimeter breit). Einmal an jedem Streifen ziehen, damit er sich
leicht einrollt und nicht aufgeht. Dann die gegenüberliegenden Streifen
jeweils vorne und hinten miteinander verknoten. Fertig! Wer unten keine Fransen hängen haben will, dreht das Oberteil vor dem Prozess auf
links und danach wieder zurück. Funktioniert übrigens auch mit Unter-
hemden und Tops. Wir sehen uns beim Einkaufen – egal, ob mit Malle-
Tank-Top-Tasche oder Motörhead-Metal-Beutel.

Auch aus **alten Socken** können wir supereinfach was Neues basteln. Das
würden wir euch spätestens dann empfehlen, wenn die Fußbekleidung
mehr Loch als Socke ist. Schneidet den oberen Teil mit dem Gummizug
in Ringe. Die könnt ihr jetzt als Haargummis benutzen. Igitt? Ja. Wascht
sie halt vorher.

Habt ihr alte Hosen, Hemden, Jeans mit **eingenähten Taschen**? Auch
die sind noch gut! Schneidet sie raus, hängt sie an die Wand, Pinnwand
oder wohin immer ihr wollt, und seid fortan an dieser Stelle superorga-
nisiert – da könnt ihr nämlich alles Mögliche reinsortieren.

Wer nähen kann, dem eröffnet sich natürlich die weitaus größere Welt des Upcyclings von Kleidung. Mit Nadel und Faden näht ihr

euch problemlos Kulturbeutel, Kosmetikpads, Hausschuhe, Kirschkern-kissen, Schals, Handschuhe und so weiter. Ihr könnt alles Mögliche machen. Nur macht halt. Übrigens: Simples Nähen ist gar nicht so schwer. Man braucht nur ein wenig Zeit, Motivation und Übung. Und natürlich Nadel und Faden.

Und jetzt macht's gut, wir müssen los. Oma erklärt uns, wie wir unsere Metal-Tragetaschen noch schön besticken können.

090 Holzkohle: Don't burn rain forest (verbrennt kein nasses Holz)

Wer mit Holzkohle grillt, muss aufpassen. Und das nicht nur, weil Feuer im Spiel ist …

Deutsche und Grillen – eine nie endende Liebesgeschichte. Die umweltfreundlichste Variante ist sicherlich der Elektrogrill. Bevor die Sprüche-Schürzen-Besitzer und 32-Stunden-Smoker jetzt aber auf die Barrikaden gehen und mit der Zange nach uns schnappen: Am besten schmeckt's natürlich, wenn auf Kohle gegrillt wird. Ist umweltmäßig zwar nicht optimal, weil da was verbrannt wird, macht im Vergleich zum Grillgut aber nur 5 Prozent der Emissionen aus (Stand 2019, Umweltbundesamt). Holzkohle ist also nicht das Problem, auch wenn die Deutschen pro Jahr 200.000 Tonnen davon verfeuern. Vielmehr ist die Herkunft der Kohle problematisch: Anbieter in der Bundesrepublik gibt es kaum, stattdessen wird sie oft von weit her importiert. Lasst euch von den Aufdrucken auf den Säcken nicht täuschen. Holzkohle ist oft wie ein internationaler Oktoberfestbesucher: in Deutschland abgefüllt, aber deswegen noch lange nicht deutsch. Meistens kommt die Kohle aus Polen, der Ukraine, Afrika und Südamerika, oft hat sie nichts mit nachhaltiger Holzwirtschaft zu tun. Heißt übersetzt: Ihr habt gute Chancen, dass ihr Holz verbrennt, das entweder illegal gerodet wurde oder aus irgendeinem Kahlschlag stammt, um Flächen zu schaffen, die für was anderes als Wald genutzt werden.

Apropos Afrika und Südamerika: Erinnert ihr euch noch an den Erdkundeunterricht? Die haben da ein Gebiet, das sich Regenwald nennt und gerne als die „grüne Lunge" der Erde bezeichnet wird. Seit Jahren wird dort massiv gerodet, um Platz für Landwirtschaft und Viehzucht zu schaffen. Und das Holz muss natürlich irgendwohin. Anscheinend sind die Manager dieser Welt bereits vollständig mit Mahagonischreibtischen und Teakmöbeln versorgt. Neue Idee: Dann wird's halt verheizt. Die Stiftung Warentest hat 2019 in fünf von siebzehn Produkten Tropenholz entdeckt (test 05/19). Schon 2017 hat der WWF festgestellt, dass 80 Prozent der Produkte Auffälligkeiten wie falsch ausgewiesene Holzarten aufweisen, 40 Prozent enthielten Tropenholz. Krass, oder? Da bekommt man in der Schule beigebracht, dass der Regenwald wichtig für die gesamte Menschheit ist, und dann landet das kostbare Holz im Grill.

Was also tun? Beim Kohlekauf auf folgende Siegel achten:

DIN EN 1860-2: Kohle enthält kein Pech, Erdöl, Koks, Kunststoff

FSC-Siegel: Kohle enthält kein Tropenholz und stammt aus nachhaltigem Anbau (nachhaltig = Tiere, Pflanzen, Wasserressourcen, Böden, empfindliche Ökosysteme bleiben unversehrt).

Ihr wollt, dass gar keine Bäume mehr gefällt werden müssen, und trotzdem auf Kohle grillen? In der nächsten Lektion stellen wir nachhaltige Alternativen zur Kohle vor.

091 Nachhaltige Alternativen zur Holzkohle

Man mag es kaum glauben, aber genauso wie man auf einem Grill nicht *zwangsläufig* Fleisch braten muss, muss Kohle nicht unbedingt aus Holz sein. Auf den Grill legt ihr zum Beispiel eingelegtes Gemüse, Käse, Maiskolben, Kartoffeln und so weiter. Der Fantasie sind keine Grenzen gesetzt. Aber hier geht es ja darum, was *in* den Grill kommt. Vielleicht statt Kohle ja mal eine dieser Möglichkeiten?

1. **Kokosnussschalen** sind ein Abfallprodukt der Erzeugung von Kokosöl und Kokosmilch. Ihr könnt sie wie Briketts auf dem Grill verwenden – mit dem Unterschied, dass die Kokoskohle für zwei bis drei Mal reicht. Der Nachteil: Kokosreste kommen von weit her zu uns, was für eine hohe CO_2-Belastung sorgt. Aber sicher immer noch besser, als direkt Regenwald zu verfeuern.

2. Maiskolben ohne Mais nennt man **Maisspindeln**. Das, was vom gegrillten Kolben auf dem Teller oder bei der Ernte übrig bleibt. Wenn sie getrocknet sind, eignen sie sich super für den Grill. Und da es Mais fast überall gibt, ist das Ganze im Optimalfall auch heftig regional.

3. Nummer 3 ist ein Abfallprodukt der Weinindustrie. Und wir meinen jetzt nicht die Getränkekartons mit dem Verschnitt, sondern vorgelagerten Verschnitt – **Weinschnitt**! Beim Schnippeln der Reben fällt eine Menge Holz an, perfekt für das Grillfeuer. Aber Obacht! Je nachdem, wie die Winzer und Winzerinnen unterwegs sind, enthalten die trockenen Zweige Pestizide, die mit verbrennen.

4. Wie viel Olivenöl und Oliven haut ihr so weg? Eine Menge bestimmt. Gut für uns, denn **Olivenkerne** sind ein Abfallprodukt, das

wunderbar zu Briketts verarbeitet werden kann. Was die Müllkerne noch so draufhaben? Sie brennen länger als normales Holz.

Sorry, original Holzkohle. Das sieht in Zukunft echt schlecht aus mit dir und dem Grill. Bleib, wo du bist, bleib ein Baum in Südamerika, Afrika oder Asien. Da brauchen wir dich gerade mehr.

092 Vom Leben und Sterben der Kaugummis — ein Sonett (oder so ähnlich)

Von Professor hin bis Volldummi,
alle lieben Kaugummi.
Manche kauen nur für frischen Atem,
andere für kilometergroße Blasen.

Kaut frohlockend, kaut mit frohem Mut!
Des Kauens Freiheit ist ein hohes Gut.
Doch auf eines gebt besonders acht:
Wählt die Entsorgung mit Bedacht.

Spuckt ihn nicht einfach auf den Gehweg hin,
Denn da ist Synthetik drin.
Auf Erdölbasis hergestellt —
fließt hier auch Mikroplastik in die Welt?

Und sieh, da kommt die Vogelmutter
Hält den bunten Gummi glatt für Futter.
Doch nur wenig später heißt's „Oh weh!" —
die Vogelmutter hat ein Darmproblem.

Käm' sie nicht zu dem Gummi hergeflogen —
Fünf Jahre hing er sicher noch am Boden!
Wie alter Männer Hoden.

Drum speit den Kaugummi nicht auf die Straße,
es ist schlecht in hohem Maße.
Klebt ihn auch nicht an 'nen Pfosten,
das macht Aufwand und macht Kosten.

Schmeißt ihn lieber eingepackt
(na gut, im Notfall geht auch nackt)
in den nächsten Müll hinein.
Und lasst uns froh und munter sein.

093 Die Zigaretten(müll)kippe

Alle Raucher und alle Nichtraucher, die Raucher kennen, aufgepasst! Viel zu viele Kippenstummel landen nicht dort, wo sie hingehören: im Müll. Das sollten wir ändern. Denn erstens braucht jeder einzelne Stummel ewig, um sich zu zersetzen: Zwischen zehn und 15 Jahre bleibt er dort liegen, wo wir ihn hinschnippen. Zweitens enthält jeder Stummel laut World Health Organization (WHO) mehrere hundert verschiedene Schadstoffe (oh Mann oh Mann), die ins Grundwasser oder in die Umwelt gelangen. Darunter sind so sympathische Stoffe wie z. B. Teer, Nikotin, Arsen oder Schwermetalle. Die WHO hat die Stumpen daher zum Sondermüll erklärt. Ein einzelner von ihnen kann zwischen 40 und 60 Liter sauberes Wasser verunreinigen oder Pflanzen beim Wachsen behindern. Jeder einzelne Stummel, der nicht im Restmüll landet, ist daher einer zu viel.

Heute werden weltweit ungefähr 5,6 Billionen (zur besseren Darstellung: 5.600.000.000.000) Zigaretten pro Jahr geraucht. Davon werden ca. 4,5 Billionen (4.500.000.000.000) Stummel einfach so weggeworfen (nachzulesen z. B. beim Naturschutzbund Österreich). Die landen dann auf der Straße oder in der Natur. Wir könnten euch jetzt vorrechnen, dass diese 4,5 Billionen Stummel zusammen jedes Jahr so viel Wasser verschmutzen, dass man den Bodensee damit viereinhalb Mal füllen könnte (kein Scheiß!). Machen wir aber nicht. Oder wir könnten den mathematischen Beweis erbringen, dass alle Filter (Standardmaße: 25 mm lang, 8 mm im Durchmesser bzw. breit), lückenlos nebeneinander drapiert, eine Fläche ergeben, die jeden einzelnen Quadratmillimeter von Berlin abdeckt. Haben wir aber keine Lust zu. ODER wir würden berechnen, dass dieselben Filter, fein säuberlich flach aufeinandergestapelt,

88-mal zum Mond reichen.* Vergesst die Raumfahrtprogramme, wir könnten einfach zum Mond *laufen*. Ein anderer, ziemlich blöder Nebeneffekt dieses Müllhaufens: Die Schadstoffe in den Filtern, neben den bereits genannten auch Mikroplastik, gelangen in unsere Meere, in Lebewesen und Lebensmittel, somit schließlich auch in uns. Indirekt Kippenstummel naschen. Lecker. Oder wie es in den Niederlanden heißt: *smakelijk*. Abbaubare Ökofilter sind übrigens kaum besser: Sie zersetzen sich zwar deutlich leichter, geben ihre Schadstoffe aber natürlich trotzdem in die Umwelt ab.

Was kann man dagegen tun? Tipp Nummer 1 lautet: **Die einfachste Lösung ist es, Zigarettenstummel in den Müll zu schmeißen, egal, ob Standard- oder Ökofilter.** Erst wenn mal kein Mülleimer in der Nähe ist, kann man die Stummel auf den Boden werfen ... Nein, natürlich nicht! Besorgt euch **tragbare Aschenbecher** (Tipp Nummer 2) oder bastelt euch einen! Ideen dazu gibt's reichlich im Netz. Tipp 3: **Aschenbecher regelmäßig leeren**, damit Wind und Regen die Asche nicht mitnehmen.

Rauchmanns Heil!

094 Hast du mal Feuer?
Zeuge immer auffüllen!

Aus evolutionärer Sicht sind Feuerzeuge ein einziger Boss-Move. Wie lange unsere Vorfahren gebraucht haben, um das Feuer zu verstehen, es zu zähmen und zu nutzen. Sie haben Wache geschoben, Religionen darauf aufgebaut, und sie sind ausgezogen, neues Feuer zu suchen, um zu überleben – und wir haben das jetzt einfach in der Hosentasche? Es gibt, und das ist eine wissenschaftliche Tatsache, 347 potenziell lebens-

---

* Aussagekraft eingeschränkt: Der Wert von 88 gilt nur, wenn der Mond am VERDAMMT NOCH MAL WEITESTEN von der Erde entfernt ist.

bedrohliche und 1.219 tendenziell ungefährliche Situationen, in denen ein Feuerzeug benötigt wird. Sucht eine davon aus, die zu euch passt, und geht weiter zum nächsten Absatz.

Oh nein Freundchen, nicht einfach weiterlesen! Eine aussuchen war die Ansage!

Hast du? Gut, okay. Habt ihr alle eine Situation? Sehr gut. Es ist aber eigentlich völlig egal, was das für eine Situation ist. Denn es geht um was anderes: Wir kennen das alle, schnell ist so ein Feuerstab mal leer und landet im Müll. Oder in der Schublade mit allem möglichen Krempel und zehn anderen Feuerzeugen. Und wenn wir einmal in uns gehen, kommen uns alle Feuerzeuge in den Sinn, die wir mal gefunden, verloren oder verloren und wiedergefunden haben. Bei manchen mehr, bei manchen weniger, aber fast immer waren es Feuerspucker aus Plastik. Hach, Plastik, du schon wieder …

Jetzt können wir kaum was dagegen tun, Feuerzeuge zu verlieren, außer sie nicht zu verlieren. Was wir aber machen können, ist, auffüllbare Feuerzeuge auch tatsächlich aufzufüllen. Das spart Plastik, Transport und allen Schnickschnack, der dazugehört, dass ein Feuerzeug in den Laden kommt. Und wenn wir mal nicht drum herumkommen, ein neues Feuerzeug zu kaufen, dann eines zum Wiederauffüllen. Dann plagt es uns auch nicht allzu sehr, sie wieder zu verlieren – denn wer's findet kann's ja wieder füllen. So kommen die Feuerzeuge in den großen, magischen und unergründlichen Kreislauf der Raucher:innen, Kerzenliebhaber:innen, Grillfanatiker:innen, Prepper:innen, Konzertbesucher:innen und so weiter. Ying und Yang. Alles ist im Einklang, alles ist im Gleichgewicht. Die Zustände des Feuerzeugs (leer und voll) gehen fließend ineinander über. Ein volles Feuerzeug trägt immer auch das Wesen eines leeren in sich, wie auch ein leeres Elemente des vollen kennt. Es ist der ewige Kreislauf, der nicht nur Plastik, sondern auch Geld spart.

Geschwurbel & Geschwätz, meint ihr? Na gut, ihr habt es so gewollt. Mathematik. Und Feuerzeugökonomie.

Eine Flasche Gas gibt es ab etwa 7 Euro. Rechnen wir, der Einfachheit halber, mal mit 10 Euro (man gönnt sich ja sonst nichts). Da sind 250 Milliliter drin, in ein Feuerzeug gehen 2,5 Milliliter. Ihr könnt also euer Feuerzeug für 10 Euro 100-mal auffüllen. Ein neues Feuerzeug müsste im Vergleich dazu weniger als 10 Cent kosten, um sich zu lohnen. Aber dann muss man ja auch noch dafür aufstehen und losgehen, puuuuh ... Und die Umwelt müsste einem so egal sein, dass man sie in die Rechnung gar nicht erst einbezieht, tjaaaa ... (Wirtschaftspsychologie auch noch mit drin, yes!).

095 Schön und gut, aber wie steht's mit Zündhölzern?

So viel also zu den Feuerzeugen. Und wie schneiden Streichhölzer im Vergleich zu Feuerzeugen ab? Diese Frage ist leider schwer zu beantworten, denn es spielen ein paar Faktoren mit rein. Multipliziert wird hier aber nicht. Uff.

Streichhölzer bestehen, wie wir unschwer erkennen, zum Großteil aus Holz. Das Dilemma hier: nachwachsender Rohstoff und kaum Verschnitt bei der Produktion gegen oft ungenaues Wissen über die Herkunft des Holzes, geschweige denn, ob es nachhaltig erwirtschaftet wurde. Wir lassen das hier einfach mal so stehen. Müsst ihr euch selbst überlegen. Aber wir dachten uns zumindest: Wo wohl Streichhölzer herkommen, wenn man in Grillkohle Tropenholz finden kann …? Von der Försterei um die Ecke oder … oder …

Machen wir mal mit dem Köpfchen weiter. Damit es sich entflammt, besteht es unter anderem aus Kaliumchlorat, Schwefel, Glaspulver und Leim. Das ist alles in der Grundbetrachtung vielleicht ein bisschen besser als ein Einwegfeuerzeug. Je nachdem aber, wie lange ihr euer auffüllbares Feuerzeug benutzt, kann sich das natürlich auf die Bilanz auswirken.

Eine supernachhaltige Version von Streichhölzern sind die Zündbriefchen. Deren Streich„hölzer" kommen komplett ohne Holz aus, sie sind aus 100 Prozent recyceltem Karton hergestellt. Was macht der Mann/die Frau mit Stolz nun?

096 Im Becher oder in der Waffel? Eisdielenüberlegungen

Eigentlich habe ich den Sommer ja kaum erwarten können. Aber jetzt, wo er da ist, ist er mir fast schon wieder zu heiß. Kein Wind und drückende Hitze. Ich brauche dringend eine Abkühlung. Ein Bad im Brunnen fällt flach, das stieß letztes Mal schon auf wenig Begeisterung. Also wird's wohl ein Eis werden.

Zum Glück gibt es das *Venezia*, das in so ungefähr jeder kleineren und größeren deutschen Stadt zu den besten Eisdielen gehört. Da stehen auch immer nur so 30 Personen an. Na ja, dann kann ich mir wenigstens überlegen, was für eine Sorte ich haben will. Was Normales? Vanille? Himbeere? Was Ausgefallenes? Amarena? Mocca? Grünkohl? Keine Ahnung. Aber ist ja auch noch 20 Menschen Zeit.

Letztens erst habe ich ja gelesen, dass ich 2020, statistisch gesehen, acht Liter Eis verdrückt hab. Zwar nicht alle hier, aber das wären ja … 114 Kugeln so etwa. Donnerwetter. War das alles Himbeere? Grünkohl war zumindest kein einziges Mal dabei …

Und während ich so dastehe und über das Pro und Kontra von *Salted Caramel* nachdenke, schmilzt der Abstand, bis ich an der Reihe bin, nur so dahin. Verdammt, eben waren es noch zehn, jetzt sind nur noch zwei vor mir. Und ich habe immer noch keine Ahnung, was ich will. Mal die vor mir beobachten, vielleicht inspiriert mich das ja. Das kleine Mädchen nimmt Erdbeere in der Waffel, der Typ vor mir Banane im Becher. Und ich bin immer noch ratlos. Verdammt, habe ich eigentlich meine 114 Kugeln im Becher oder in der Waffel geholt? Wenn die alle im Becher waren, wäre das ja ein beträchtlicher Haufen Müll …

- „Was darf's sein?"

Mist. Ich habe mir nichts überlegt. Irgendwie bekomme ich trotzdem ein panisch-verschrecktes „Himbeere" über die Lippen.

Immerhin jetzt müsste ich die passende Antwort parat haben. Schließlich habe ich vor einer Sekunde darüber nachgedacht. Ich belle also ein selbstbewusstes „Waffel".

Der Rest geht ohne nennenswerte Zwischenfälle über die Bühne. Und alles in allem verlasse ich das Eiscafé mit einem zufriedenen Lächeln. Denn eben kam mir eine großartige Erkenntnis: Es ist gar nicht so wichtig, *welche* Sorte man nimmt, sondern *woraus* man sie sich einverleibt. Dann kann man auch zum 1.000. Mal Himbeere nehmen und trotzdem überlegen grinsend die Fußgängerzone runterwackeln. In den sommerlichen Sonnenuntergang.

097 Mit Sonnencreme die Korallenriffe retten

Es ist heiß. Ihr liegt am Wasser und die Sonne brennt herab. Eure Haut und der gesunde Menschenverstand signalisieren euch, dass es besser wäre, sich jetzt einzucremen.

Wenn ihr euch richtig eincremt, schützt ihr euch vor böser UV-Strahlung und damit vor Sonnenbrand. Und wenn ihr euch *noch richtiger* eincremt, schützt ihr Korallenriffe und Wasserökosysteme. Momendele, halt mal! Man kann sich selbst *und* die Korallenriffe schützen, nur weil man sich eincremt? Jop, genau. Und das geht so.

Herkömmliche Sonnencreme, nennen wir sie stinknormale Sonnencreme, kommt häufig mit vielen Inhaltsstoffen daher, die weder gut für Mensch noch Umwelt sind. Stinknormale Sonnencreme können zum Beispiel Mikroplastik (iihbäh), Parabene (eventuell hormonell wirksam, gar nicht so bene) und Silikone (nicht zu verwechseln mit „Stilikone") enthalten. Ihr erkennt sie u. a. an dem Film, den sie auf dem Wasser hinterlassen. Einige Stoffe schädigen Organe, andere gelangen in den Wasser- und damit Nahrungskreislauf, wieder andere stehen im Zusammenhang mit der Korallenbleiche. Puh. Buh. Um das zu vertiefen, könnt ihr euch gerne Studien zu den Stoffen durchlesen. Ist aber eine eher freiwillige Hausaufgabe.

Zum Glück gibt's eine Alternative: Naturkosmetik-Sonnencreme bzw. Biosonnencreme. Sie schützt genauso gut und schadet Mensch und Natur weit weniger. Zwar können auch sie noch Stoffe enthalten, die Korallen angreifen, wie zum Beispiel Zinkoxid, aber sie sind insgesamt deutlich besser. Wenn euch die Riffe am Herzen liegen (was sie als artenreicher Lebensraum verdammt noch mal tun sollten!), dann achtet auf Siegel wie etwa „reef safe". Wenn ihr euch unsicher seid, gilt wie immer: Scannt den Code (Abschnitt 98). Wir sind hier größtenteils auch keine Chemieexperten. Aber wenn bei den Inhaltsstoffen irgendwo „nano" dabeisteht, dann sagt im Zweifel lieber *nah, no*. Die winzigen Partikel sind es nämlich auch, die Umweltschäden verursachen.

Einer der wenigen Nachteile: Naturkosmetik-Sonnencreme ist manchmal wesentlich teurer als stinknormale (zumindest die aus der Apotheke). Zu teuer für viele? Mit Sicherheit. Aber wir vergeben in Deutschland ja auch jedes Jahr so 40–50 Milliarden umweltschädliche Subventionen, vielleicht nehmen wir ja davon was und geben es zur Abwechslung mal für was Sinnvolles aus. Eine politische Forderung zum Schluss. Upsi :-)

So, jetzt genießt euren Tag am Pool, am Baggersee, im Schwimmbi oder am Strand. Und nehmt noch mal einen ordentlichen Schluck aus dem Glas mit dem Schirmchen!

> Grüne Grüße vom Meer
> EGAG (echt gut angebräunte Gören)

098 Grüne Apps — Nachhaltigkeit für Menschen mit Smartphone

Kann euer Handy Apps? Cool! Wenn nicht, benutzt ihr euer Telefon schon verdammt lange, Respekt, das ist noch cooler! Alle anderen: Wie viele sinnlose Apps habt ihr auf euren Handys so rumfahren? Keine einzige wahrscheinlich, die werden alle dringend benötigt. Na ja, war einen Versuch wert. Jedenfalls kommen hier, wenn noch Speicherplatz frei ist, fünf Apps für einen grüneren und nachhaltigeren Alltag.

1. **Ecosia** ist eine Suchmaschine – mit einer Besonderheit: Gewinne, die das Unternehmen aus Anzeigen generiert, fließen in Projekte zur Aufforstung. Finden wir klasse. Mehr Bäume bedeutet zum Beispiel nämlich auch mehr Förster:innen, und das sind tolle Leute.

2. Die App **Replace Plastic** assistiert euch bei einer Korrespondenz besonderer Art: Immer wenn ihr findet, dass ein Produkt in unnötig viel Plastik eingepackt ist, scannt ihr dessen Barcode. Danach könnt ihr eine vorgefertigte E-Mail an das Herstellerunternehmen schicken. Darin haltet ihr es höflich an, das Plastik tunlichst zu reduzieren oder ganz zu vermeiden.

3. Barcodes müsst ihr auch bei der nächsten App scannen, dem **Code-Check Produkt Scanner: Lebensmittel, Kosmetik**. Der Name sagt ja dann auch eigentlich alles. Mit dieser App scannt ihr Lebensmittel und Kosmetikprodukte. Dann bekommt ihr eine Liste der Inhaltsstoffe und eine Einschätzung zu ihrer Bedenklichkeit. Ihr würdet manchmal Augen machen … Jedenfalls ist der Scanner eine ausgezeichnete Orientierungshilfe, wenn mal wieder Verwirrung am Supermarktregal herrscht.

4. Die App **Mundraub Navigator** zeigt euch Bäume und Sträucher auf einer Karte, von denen ihr legal ernten könnt. Es gibt bestimmt auch welche in eurer Nähe. So könnt ihr Obst, Beeren oder Nüsse für zu Hause pflücken, nichts verkommt, und alle sind glücklich.

5. Das Umwelt- und Klimaschutzgeschäft kann hart und entbehrlich sein, da lauern allerlei weltliche Verlockungen. Und irgendwann muss man ja mal sein Gewissen erleichtern – zum Beispiel auf dem **Ökobeichtstuhl**. Hier beichtet ihr eure „Umweltsünden" (ich habe heute Essen weggeworfen, ich habe eine Spritztour gemacht, ich betreibe eine Ölraffinerie). Dann bekommt ihr Vorschläge für eine gute Tat, um die Sünde auszugleichen. Zugegeben, eine Spielerei, die Ausgleichsmaßnahmen sind nicht immer realistisch, aber wir mögen die Idee.

@ Nummer 1–5: Ihr schuldet uns alle Geld.

099 Viel entdecken, viel nachhaltig: grünes Hobby Geocaching

Ganz ehrlich, wir wissen nicht, ob wir gerade eine Straftat begehen. Wir sind nämlich im Begriff, ein streng gehütetes Geheimnis an Muggel weiterzugeben. Muggel, das sind die Unwissenden und Nichtsahnenden in Sachen Geocaching – Leute also, die keinen Schimmer haben, welcher Spaß ihnen entgeht. Geocaching ist eine Schatzsuche, die über das Internet und GPS funktioniert. Im Internet lasst ihr euch verschiedenste Schätze, die sogenannten Caches, anzeigen. Ihr sucht euch welche aus, speichert die Infos und Koordinaten, und dann geht's los. Für die Suche braucht ihr GPS (das kann euer Handy), denn ihr nähert euch ja mittels Koordinaten eurem Ziel. Das Ziel kann alles Mögliche sein – von einer kleinen Filmdose bis hin zu einer großen Kiste könnt ihr alles finden. Wenn ihr den Schatz gehoben habt, findet ihr darin ein Logbuch zum Eintragen und in einigen Fällen auch kleine Objekte zum Tauschen mit anderen. Alles wieder so verstecken, wie es vorher war, und weiter geht es. Viele Schätze muss man einfach nur finden, für andere muss vorher ein Rätsel gelöst werden, wieder andere haben mehrere Stationen. Sogar Nacht- und Klettercaches sind dabei.

Jeder Cache hat außerdem zwei Wertungen: eine für die Schwierigkeit und eine für das Terrain, das überwunden werden muss. Lieber lange suchen in der Stadt oder lieber rumklettern irgendwo draußen? Sucht es euch aus. So könnt ihr eure Touren auch anpassen, je nachdem, mit wem ihr unterwegs seid.

Warum uns Geocaching gefällt und wir es euch hier empfehlen? Ihr braucht genau gar nichts dafür. Außer einer App und einem Handy, wobei ihr Letzteres schon besitzt. Ein Rucksack, aktive Mitsuchende – fertig. Eigentlich wird's immer ein lustiger Ausflug. Oder ein kniffliger. Oder ein anstrengender. Die Schätze gibt es überall, auch bei euch um die Ecke. Und wenn ihr sie zu Fuß oder mit dem Rad suchen geht, führt das für diese Stunden zu einer beispiellos guten Umweltbilanz. Klar, ihr könntet für die gleiche Bilanz auch wandern, Rad fahren, nichts tun – aber das wäre nicht halb so spannend. Und um einen Schatz reicher wärt ihr auch nicht.

100 Alte Bücher bilden trotzdem

Kurze Frage: Lest ihr diese Zeilen, die wir, schmachtend an euch denkend, hier niederschrieben, eigentlich gerade in Papierform oder auf dem Reader? Wir fragen nur, weil jeder fünfte Baum, den wir auf der Welt fällen, für Papier draufgeht und das ein bisschen weniger werden sollte. Um nicht zu sagen: muss. Schnell.

Aber ihr wollt ja weiterlesen. Also, die Fakten: Ab dem zehnten Buch, das ihr auf einem E-Reader lest, hat er eine bessere Bilanz als die entsprechende Menge an Papier, kann man in etwa sagen*. Pah, da habt ihr massig mehr? Großartig, er lohnt sich schon und tut das auch, solange ihr ihn behaltet. Oder eher Mist, das fehlen noch welche? Überlegt es euch, zehn Bücher lesen hoffentlich die meisten noch in ihrem Leben. Und man kann da ja noch mehr drauf lesen.

Und was macht ihr mit alten Büchern? Am wenigsten besten ist die Option ins Regal stellen. Sieht toll aus, super gebildet und so, aber ihr habt vorhin einen Furzwitz erzählt, der Zug ist abgefahren. Ernsthaft: Wäre doch schade, wenn die einmal produzierten Bücher nur rumstehen (das macht ja schon das Auto). Verschenkt sie an Freunde, Verwandte, Schulen, Einrichtungen, das Bermudadreieck vorm Haus – an wen auch immer, Hauptsache, sie werden genutzt!

---

* Dieses Buch natürlich ausgenommen. Und diesen Verlag. Green Team eben.

Und dann gibt es da noch so Einrichtungen namens „Bücherei" und „Bibliothek". Aber da müsst ihr euch leider selbst im Internet schlaumachen. Das Konzept klang verdächtig nach Sozialismus, das war uns dann doch zu heikel.

101 Macht's gut, ihr Lieben!

Das war jetzt ein ganz passender Abschluss mit den Büchern. Haben wir toll hinbekommen. Und ganz besonders dieses Buch solltet ihr immer wieder hervorholen und euch vergewissern, dass ihr auf dem richtigen Weg seid. Wir warten so lange hier auf euch und erklären dann alles liebend gerne noch mal. Und bis dahin könnt ihr all euren Freunden und Bekannten von diesem Buch erzählen und wie informativ es war und wie sehr ihr gelacht habt. Gerne auch ungefragt. Macht ihnen verdammt noch mal klar, dass sie sich zu interessieren haben! Wir schaffen es nur, wenn wir es zusammen versuchen.

Es hat uns sehr viel Spaß gemacht mit euch!

Grüne Grüße
Lukas & Lukas

DANKE

Auch wenn es uns unglaublich viel Spaß gemacht hat, von alleine hat sich dieses Buch nicht geschrieben. Zahlreiche Personen haben uns begleitet, uns geholfen und unterstützt. Ohne sie hätte es „Erde gut, alles gut" wohl nicht gegeben und wir sind ihnen sehr dankbar. Das hier geht raus an euch, Leute.

Allen voran danken wir unserem Grafiker Paul Fuchs. Deine liebevollen Zeichnungen und dein ganz eigener Stil passen perfekt zu uns und haben dieses Buch auf ein anderes Level gehoben. Alle sagen das. Wir danken auch unseren Ansprechpartner:innen beim Oekom Verlag und bei Oekom Crowd, insbesondere Lena Denu, die von Tag 1 an dieses Projekt geglaubt haben und uns unterstützt haben, es zu verwirklichen. Mille Grazie an alle Tippgeberinnen und Korrekturleser, ihr wart viele, ihr wart begeistert und ihr habt uns ermutigt. Wir danken unserer Interview-Partnerin für ihre Zeit, für Tipps und fürs Rücken freihalten während dem Schreiben.

Eine Idee inhaltlich zu unterstützen ist eine Sache, aber finanziell zu ihr beizutragen eine ganz andere. Wir danken allen Early Birds, die unser Buch durch ihre Vorbestellung überhaupt erst ermöglicht haben. Ihr seid die besten! Insbesondere danken wir Jörg Petri, Kerstin und Christoph Wittmann, Oliver Czernetz, der lieben Kathrin Fritz, dem fidelen Felix Nagel, dem infamosen MC, dem sagenumwobenen Martin Bruder, dem engagierten Armin Sölch, dem trefflichen Tim Wittmann, dem sakrosankten Christoph Stolz, den beiden Querulanten Sami & Jona genauso wie der entzückenden Simone und dem metallenen Micha.

Lukas & Lukas im Oktober 2021

AUTOREN

 **Lukas Wittmann** studierte Soziologie in Heidelberg und Bamberg. Seine Liebe zum Schreiben hat er bereits früh entdeckt. Nach mehreren Stationen bei Radio, Zeitungen und als freier Autor arbeitet er heute in der Unternehmenskommunikation.

 **Lukas Gisbrecht** studierte Pädagogik in Graz. Sowohl im Beruflichen als auch in der Freizeit liebt er es, sein Wissen weiterzugeben. Er arbeitet als Bezugsbegleiter für Menschen mit Behinderung und bereist in seinem umgebauten Van die Welt.